Mental

ROMANTIC RELATIONSHIPS AND

Health

梁樱 著

恋爱与心理健康

基于不同文化的考察

A CROSS-CULTURAL INVESTIGATION

社会科学文献出版社
SOCIAL SCIENCES ACADEMIC PRESS (CHINA)

目　录

第一章　恋爱关系如何影响个体心理健康……………… 1

第二章　压力过程模型与结构性符号互动论的融合……… 8
　一　一个融合的理论框架………………………… 8
　二　恋爱关系与心理健康………………………… 13

第三章　恋爱、传统价值观与心理健康………………… 21
　一　价值观相关概念……………………………… 21
　二　价值观、自我意义、自尊与心理健康………… 40
　三　恋爱关系中的心理健康：性别与文化模式…… 56

第四章　中美大学生样本及研究假设…………………… 70
　一　受访者的选择及调查………………………… 70
　二　变量测量……………………………………… 71
　三　分析策略：结构方程模型…………………… 87
　四　研究假设……………………………………… 89

第五章　性别差异 vs. 文化差异 ……………………… 92
　　一　传统价值观的文化差异和性别差异 …………… 92
　　二　中国大学生分手后的抑郁状况 ………………… 98
　　三　分手对中美大学生心理健康的影响 …………… 110
　　四　分手对男女大学生心理健康的影响 …………… 115
　　五　分手对中美大学生抑郁状况的影响 …………… 123

第六章　分手、传统价值观和心理健康 …………… 128
　　一　分手、传统价值观对心理健康的影响 ………… 129
　　二　研究启示和未来研究方向 ……………………… 143

参考文献 ……………………………………………… 153

附　录 ………………………………………………… 175
　　附录 A　结构方程模型中的协方差矩阵 …………… 175
　　附录 B　调查问卷 …………………………………… 181

后　记 ………………………………………………… 196

第一章　恋爱关系如何影响
个体心理健康

　　恋爱关系是个体生命历程中的重要组成部分之一，其过程和结果对个体心理健康会产生极大的影响，对于刚步入成年早期开始探索这种关系的大学生而言更是如此。但是，对于恋爱关系如何影响心理健康或者说个中机制如何，当前的研究却不能够充分予以回答，因而需要进一步研究探索。

　　自20世纪70年代起，西方国家（尤其是美国）的研究者开始关注（婚姻和非婚性质的）罗曼蒂克关系如何影响涉入其中的男性和女性的心理健康，其研究结论十分混杂，并充满了持续的争论（对于婚姻关系，请参见 Gove and Tuder, 1973; Marks and Lambert, 1998; Pearlin and Johnson, 1977; Umberson, 1992; Umberson et al., 1996; Aneshensel, 1992; Rosenfield, 1999; 对于非婚性质的恋爱关系，请参见 Connolly et al., 1999, 2004; Joyner and Udry, 2000）。尽管此领域的研究成果迅速增多，但是对诸如是男性还是女性更加得益于两种性质的罗曼蒂克关系、罗曼蒂克关系到底对个体心理健康有益还是有害等问题都未能得到一致的答案。当涉及具有不同人口与文化背景的群体时，此类问题就变得更加复杂。

Simon 和 Barrett（2010）回顾了此研究领域的情况并进行了一项经验研究，检验非婚性质的罗曼蒂克关系对于成年早期的人群的心理健康的影响及影响的性别差异。这一研究填补了以往研究专注于青少年群体而忽略其他群体的空白。他们的研究发现，开始一段恋爱关系与分手这两类事件对女性的心理健康的影响大于对男性的这一影响；而恋爱关系的质量（包含从关系中获得的支持与关系的紧张程度）对男性心理健康的影响超过对女性的这一影响，这个结果即使是在考虑了男性与女性在心理健康问题上的不同表达方式后依然成立。

两位作者对这些结果进行了理论解释，主要围绕两种理论方向：一是社会化理论；二是结构性的经济不平等。他们的主要观点是，社会化过程与经济权力上的性别不平等使恋爱关系对于女性的自我认同与自我价值具有更重要的意义。但是，更进一步的问题应该是，在这种社会文化与结构化的运行过程中，有什么具体因素或机制可以解释这种性别差异。对于这些潜在机制的探索超出了 Simon 和 Barrett（2010）的研究范围，而这恰恰是本书的主旨。

本书的主要研究目的为：沿着自我意义研究的脉络检验恋爱关系影响心理健康的一种可能的社会心理机制——罗曼蒂克关系背景下的传统价值观。用定量研究的术语来表达，本研究试图检验内化的传统价值，作为一种社会文化与结构化过程的产物，如何调节恋爱关系对个体心理健康的影响。

这一研究主旨可以从如下三个水平或层面加以讨论。

第一，在个体水平上检验传统价值观如何影响恋爱中的个体在心理健康上的差异。个体对传统价值观的不同认同程度会影响他们如何诠释和理解恋爱中的各种事件，从而对个体心理健康产生不同影响。

第二，检验上述关系中可能存在的性别模式。具体而言，尽管传统价值观在男女两性的自我概念中都存在，但这些价值观对女性的自我概念具有更加核心和重要的影响，因而也更具有约束力。因此，在恋爱关系与心理健康的关系上可能存在性别化差异模式，这一模式也许可以通过男女两性在传统价值观上的差异来部分地解释。进一步讲，性别化的价值观念使男女两性赋予他们的恋爱关系以性别化的意义模式，由此，男女两性对恋爱关系中产生的压力来源可能产生不同的反应模式，从而导致恋爱关系中男女两性的心理健康结果呈现差异。以量化的方式来反映这个过程，可能体现为三个层面：一是男性和女性在认同某种传统价值观的程度上存在不同；二是当男女两性在同等程度上认同某种传统价值观时，其对男女两性心理健康的影响力也许仍然不同；三是传统价值观上的性别模式也许只是导致恋爱中个体心理健康存在性别差异的原因之一。

第三，最后一个水平的研究目标是检验可能存在的文化模式。通过对一个有着传统价值观的国家和一个有着现代西方价值观的国家进行比较，即通过中美分析结果的比较，探索在第一个层面中检验的关系是否可能存在文化性差异。具体而言，对上述两个层面的问题都首先在两个国家内部的样本中进行分析，然后进行跨国比较，由此检验恋爱中的负面事件发生后产生的心理健康影响的文化性差异是否存在，以及这种文化性差异是否能由两国在传统价值观上的整体性文化差异所解释。

笔者使用方便抽样和滚雪球抽样的方式收集调查样本，以问卷调查方式从一所美国东北部高校和四所分布于中国东部、中部和西部的高校收集数据。测量恋爱中的传统价值观的问卷首先被建构并进行了试调查。此数据收集方法的最大优势是能节约成本，并能使问卷中的问题都非常切合研究主题。当然，其最大的劣势是方便性样本限制了统计分析结果的推广性。但是，对于一个旨在对理论观点进行检验并完善理论的研究而言，方便样本的分析结果也具有十分重要的启示意义。

尽管本书的研究问题是基于上述的理论推理，但仍存在一个未回答的问题，即为何要选择价值观作为分析与自我相关的意义内涵的基础；进一步的问题是，为何选择恋爱关系作为探索这个研究问题的经验切入点。对此问题的回答涉及进一步澄清本研究的理论与现实意义。

第一，尽管价值观并非自我系统中唯一重要的社会心理元素，并且，也有许多研究已经发现自我的其他层面，例如认同显著性（identity salience），也在基于自我的意义诠释中发挥重要作用。但是本研究选择价值观作为确定自我意义的基础的主要理由之一是，当前的研究还很少涉及主观意义与社会结构和文化的系统联系。比如，认同控制理论（ICT）和认同分裂理论（IDT）都聚焦于认同验证的认知过程。Simon 和 Marcussen（1999）检验了认同意义和信念的调节效应，却没有对这些主观意义元素与社会文化变量的联系进行系统的经验检验。另有一些研究确实暗示了一个观点，即角色认同在意义内涵上存在结构性差异，这种差异可能部分解释了心理健康上的结构性差异。但是，由于对意义内涵的设定差异以及缺乏经验检验的途径，这类探索往往局限于理论反思的范围。笔者认为，引入价值观和价值认同的概念也许可以允许我们同时解释在心理健康上存在的个体与结构和文化差异，因为价值观不仅是文化的核心内容，而且通过长时间社会化过程融入个体自我概念中。

第二，选择价值观作为核心研究点还基于其在自我系统中的重要性以及它和其他社会认同之间的紧密联结。因此，本研究也许可以帮助我们融合个体和社会认同（personal and social identity），从而形成对自我及自我与社会关系的更完整的理解。本研究亦是对价值观这个在某种程度上"过时"和被遗忘的概念建构的重新关注。学者们可能提出反对意见，例如价值观的差异可以最终反映在认同显著性的差异上，因此可以用认同显著性水平来决定生活事件的意义（例如，Thoit，1995）。但是，笔者提出，引入价值观的概念不仅具有为这个路径的研究加入质性研究维度的潜力，而且可以帮助澄清从结构性变量、自我价值观到个体结果的整个过程。认同显著性的差异也许对各种心理健康结果不够敏感，因为对于基于不同类型的价值观所产生的具有相同显著性水平的认同，其影响力很可能有所区别。最后，同样的价值认同可能通过不同的角色认同来验证和维系，因此，基于价值观的意义研究将有助于建立一个关于意义与心理健康关系的更加一般化的理论。

第三，选择恋爱关系中体现的价值观作为研究点的主要理由是，这类价值观对应的角色认同范围较小，因此便于检验二者的联系或者进一步探索核心价值观（central values）作用的机制。其他的价值观由于对应的角色认同范围广则显得没那么合适。价值观在自我概念系统中的重要性存在等级差异并可以通过多种角色认同和角色行为被表达、实现和验证。例如，成就价值可以通过工作认同、学业认同甚至是父母认同等加以实现。而与异性关系有关的价值观，如贞洁观，则只能通过恋爱或婚姻认同得以表达。同时，检验文化与结构变量对这类具体化价值观的影响也更容易。因此，选择恋爱关系中体现的价值观作为本研究的实质性领域具有合理性，能满足检验本研究提出的理论论点的需求。最后，大学生样本获得的便捷性以及恋爱关系对他们心理健康的重要性也是做出这一选择的重要原因。

总结来看，本研究可能具有以下几点贡献：（1）重新聚焦社会学中的价值研究；（2）对价值认同与角色认同关系的理论探索以及对自我三个层面的融合；（3）通过基于价值认同的自我意义的设定将结构与文化背景和个体联系起来；（4）发现恋爱关系影响心理健康的重要社会心理机制，而不仅仅满足于描述恋爱关系中男女两性的心理健康差异；（5）研究可用于为大学生心理辅导机构提供信息，帮助其制定更有效的干预策略，或者帮助大学生理解其自身在恋爱关系中经历的各种情感状态的深层次原因，从而帮助他们实现反思和成长，提高恋爱中的心理弹性和心理健康水平。

第二章 压力过程模型与结构性符号互动论的融合

此研究问题根植于三个理论框架与视角的综合：社会结构与人格视角（Social Structure and Personality, SSP）（House, 1977, 1981）、压力过程模型（the Stress Process Model）（Kessler, 1979; Pearlin, et al., 1981）、结构性符号互动论（Structural Symbolic Interactionism, SSI）及其衍生的认同理论（Identity Theory）（Stryker, 1980; Burke, 1991）。本研究的理论基础根源于三种理论框架之间内在的有机联结。因此，在本章中，笔者将首先分别阐述三种理论视角的核心观点及其内在联系，然后论述笔者如何将三者融合起来构建本研究的理论基础。

一 一个融合的理论框架

House（1977）首次提出"心理社会学"（或"社会结构

与人格")应成为社会心理学研究的第三个面向(face)。①这一面向的核心特征是应用量化社会调查方法探索宏观社会结构与个体(心理)之间的联系。作者反复强调,这一面向平衡了其他两个面向日益强化的微观个体导向,因而值得更多的研究者关注。

House 在 1981 年进一步明确了社会结构与人格研究范式的三个研究原则。第一,"成分原则"(the component principle),是此范式的首要原则,强调从事社会结构与人格研究首先需要理解与明确研究问题中所涉及的社会结构、位置或系统的性质。第二,"邻近原则"(the proximity principle),强调结构性元素影响个体的中介过程——密切的人际互动。密切的人际互动过程直接作用于个体心理与行为,更为宏观和远端的社会结构元素并不直接作用于个体心理与行为,而是经由这个复杂过程间接发生。第三,"心理原则"(the psychological principle),要求研究者明确说明和检验宏观社会结构和中观邻近互动过程何时、如何以及在何种程度上影响个体人格和行为(House,1981:540-541)。这一范式,因其强调宏观社会结构如何通过日常生活互动影响个体人格和行为的过程而被学界认为其本质是一种社会心理学研究的社会学路径(Kohn,1989)。

相对于社会结构与人格范式对结构元素的重视,源于米德(Mead,1934)发展于布鲁默(Blumer,1969)的符号互

---

① 在此文中,House(1977)指出社会心理学的其他两个面向(faces)是心理学的社会心理学(psychological social psychology)及符号互动论。

动论（symbolic interactionism）则弱化了稳定和现存的社会结构对人类行为的制约作用。例如，于布鲁默而言，社会互动本身是一个持续性过程，这个过程具有"形成性"（formative），在这一过程中，意义被情境中的行动者不断诠释和重构。布鲁默对于人类能动性（human agency）的过分强调也同时反映在其提倡的诠释性方法论导向中。

尽管上述传统的符号互动论和社会结构与人格范式对于社会结构与个体有不同的处理方式，但自Stryker（1980）以来发展的结构性符号互动论范式与社会结构与人格范式产生了更多内在的紧密联系。Stryker在人际互动的水平上建构社会结构概念，在结构性符号互动论范式中，社会结构是由相互联系的位置及其附带的社会角色所构成的。这些社会位置与社会角色通过以相互或等级方式控制的行动、资源及意义联结起来（Stryker and Burke, 2000：289）。尽管以中观层面的社会结构为理论核心，但结构性符号互动论对纳入更大规模的社会结构持开放态度。即社会结构与人格范式中强调的宏观结构性元素需要并能够纳入结构性符号互动论范式中，因为宏观社会结构制约了人际互动中能够获取的资源和文化。

Stryker（1980：115）认为："符号互动论没有理由不被纳入宏观社会学的结构性变量，尽管这一理论并没有为这类变量之间的关系提供解释。"另外，社会结构与人格研究者（House, 1977；House and Mortimer, 1990）强调宏观社会结构与个体过程之间的联系需要通过中观互动过程来实现，即前述的"邻近原则"。而这一中观互动过程正是符号互动论所强调的核心所在，谓之"社会学的缩微主义"（sociological miniaturism）（Stolte, Fine, and Cook, 2001; Harrington and Fine, 2000）。

以上内容讨论了社会结构与人格范式和符号互动论尤其是结构性符号互动论的区别与联系，从而阐明了二者产生理论融合的可能性。压力过程模型则是基于这两个宏观理论范式的融合所发展出的一个解释具体实质性研究领域的问题（尤其是心理健康领域的研究问题）的理论模型。具体而言，压力过程模型被应用于解释精神疾病的社会结构性模式形成的机制和过程，即社会分层与不平等如何经由中观邻近互动过程影响个体的心理健康结果。Pearlin 等（1981）首次使用了"压力过程"这一概念来将社会压力对个体心理健康的影响过程中的各类元素进行有机的整合与组织。这一理论模型近几十年来几乎统治了整个心理健康社会学研究领域，被诸多后来研究者进一步发展和应用（例如，Aneshensel and Phelan, 1999; Aneshensel, 1992; Thoits, 1995）。

具体而言，压力过程模型由三个相互联系的核心概念——压力来源、压力的中介变量和压力的结果表现——构成。沿着 Pearlin 等（1981）提出的压力过程模型的理论路径，为了解释社会结构与个体心理健康结果的关系机制，心理健康社会学领域的研究大体围绕两个维度展开。第一个维度聚焦于压力的暴露及其社会根源。压力暴露是指个体所承受的来自生活中的各种社会性压力,例如生活事件(life events)、慢性压力(chronic strain)以及日常生活烦恼(daily hassles)等。第二个维度则关注影响个体脆弱性的各种社会因素。所谓脆弱性是指不同个体在承受相同生活压力时的反应存在差异性,因而这一脉络的研究主要探讨各种社会和心理应对资源与应对机制,例如,社会支持、自尊和自我效能感、应对行为模式和策略(如情感型和问题型应对)等。这一类变量成为生活压力影响个体心理健康的中介或调解变量。

压力过程模型与上述社会结构与人格范式以及结构性符号互动论范式存在有机的内在联系。首先,压力过程模型不仅聚焦于压力过程的中介与调节机制,而且其独特的社会学旨趣体现在它对压力过程的根本性源头的关注,例如社会经济地位(SES)等社会结构变量是压力过程模型关注的焦点(Pearlin,1999)。实际上,压力过程模型路径下的研究一直试图将压力过程中的每一个元素与社会结构变量联系起来。因此,在对宏观社会结构变量的关注上,三者具有内在一致性。

其次,在结构性符号互动论范式下发展出的认同理论开始延伸至与社会性自我相关的内在过程,例如认同控制过程。认同理论与压力过程模型逐渐结合,发展出一个新的研究脉络,试图从个体的自我与角色认同过程去解释心理健康结果。这一脉络的研究通常聚焦于自我与认同(self and identities)如何调节与之相关的生活压力的意义进而影响压力的结果表现，因而常被称为压力过程路径下的意义研究。

虽然本研究强调意义和人类能动性在压力过程中的重要作用，但是，由社会结构与人格所明确规定同时被结构性符号互动论所暗示的宏观结构与文化元素也是本研究的关注点。压力过程模型，尤其是在这个路径下的意义研究，实质上汇聚了三种理论视角在心理健康问题研究中融合的可能。因此，本研究建构于三种理论范式和视角融合的基础上，希望通过这种整合为本书具体经验研究中折射出的自我与社会的关系问题提供一个更深入、更全面的解释。

二 恋爱关系与心理健康

本研究旨在将此融合的理论范式作为指导，运用于解释恋爱关系中的压力过程机制。一方面，这一机制强调对于压力源的意义诠释，这种诠释在此主要基于价值认同（value identities）和角色认同（role identities）两类自我概念元素而形成；另一方面，笔者也将这一自我意义过程放在一个更大的文化与结构背景下加以考虑。更具体地讲，本研究聚焦于恋爱关系中的压力性事件（如分手）发生后的个体自我意义诠释过程，并进一步探索这样一种通常被认为颇具主观性的过程是否及如何被人际互动过程和更宏观的社会结构与文化因素所塑造。

社会结构与人格范式作为一个囊括了从宏观结构到中

观互动过程再到个体结果的总括性范式框架，指引本研究的基本逻辑建构。在这一总体框架下，本研究分别融入结构性符号互动论及在基础上发展出来的认同理论和压力过程模型的基本理论观点，建构起本研究的三个研究层次。

首先，笔者将个体价值观和角色认同以及相关的主观压力评估过程及其影响的心理健康结果作为个体水平的过程。这些过程涉及社会结构与人格范式强调的"心理学原则"。在这一水平的相关文献中，价值认同（Gecas, 2000）和角色认同（Stryker, 1980）的概念被建构为自我（the Self）的核心层面，通过影响个体对生活压力的意义诠释和评估来影响压力过程的最终结果。当然，个体水平的意义诠释发生在本地和邻近的互动环境中并与人际的意义协商过程相互交织，即个体意义的建构不是发生在个体自我过程的真空中。更多关于价值概念的属性以及价值和角色/群体认同的关系的讨论将在下一章详细展开。

其次，在人际互动水平上，个体经历恋爱关系中的不同事件（如确立关系、关系紧张、分手等）均涉及人际社会互动及相关的意义交换和意义协商过程。这些过程既受到个体心理层面因素的影响，也为更为宏观的社会背景所制约。具体而言，在邻近互动水平上，本研究将试图探索由个体价值认同所规定并由互动中的意义协商过程所调节的个体自我意义是如何调节恋爱关系中的压力与个体心理健康结果之关系的。这一探索的理论思考来源于 Burke（1991）的认同控制理论（Identity Control Theory, ICT）、

第二章 压力过程模型与结构性符号互动论的融合

Large 和 Marcussen（2000）基于对认同控制理论的扩展所提出的认同分裂理论（Identity Discrepancy Theory，IDT）以及相关的压力意义自我诠释脉络的研究（如认同相关假设）（Simon，1997；Simon and Marcussen，1999；Thoits，1995）。这一理论路径的基本推理逻辑为：当自我标准（self-standards）和个体对生活压力中与自我相关的部分的主观认知相冲突时，个体对这种压力的意义评估就会对个体自我概念产生某种程度的威胁，进而导致出现不同程度的情绪问题，影响个体心理健康。关于这一压力过程中的意义调节过程的详细讨论请参见本章的相关内容。

最后，根据社会结构与人格范式以及结构性符号互动论的潜在观点，在宏观社会结构元素层面，性别和文化皆被构建为上述压力与自我意义诠释过程发生的结构化背景因素（structural contexts）。一方面，作为一种社会制度的性别，结构化了男孩与女孩的社会化经历并由此促成了男女两性对恋爱关系的性别化价值观分化；另一方面，价值观的另一结构化来源——文化，通常被当作结构层面的另一大元素。这两类结构化元素——性别与文化还可能在结构层面产生交互作用，共同塑造个体的价值观及意义诠释过程。不仅如此，性别与文化在塑造个体的同时也构成了一个既定的社会背景，在这一背景下，个体之间通过人际互动影响彼此对于压力过程的感受和评估。换句话讲，价值观一方面主要由成年之前的社会化所塑造并为个体内化，从而成为既存的社会结构与文化特征在个体身上的折射；

另一方面，成年个体的价值观也作为一种独立的内在资源（或人类能动性）指导个体的行为和意义诠释，但是这种个体能动性或独立性也依然不是绝对自由的，仍然受到当前个体所面对的社会结构与文化背景的制约和影响，这种制约和影响也经由人际互动（如意义协商过程）产生。因此，社会结构与人格范式的三个层面或水平都反映在具体的压力过程模型中。这三个层面实质上彼此渗透，形成一个不可分割的整体，呈现在个体生活场域中。

在上述理论推理与建构的基础上，本研究提出如下三个研究问题作为研究动因。

第一，价值观如何被概念化，从而成为自我概念的核心层面并进一步影响压力过程？第三章的第一个部分将对价值观概念、价值观在自我系统中的地位以及其对心理健康的潜在影响进行讨论。在价值观概念的基础上引出价值认同（value identities）的概念并进一步讨论价值认同与角色认同承诺（role identity commitment）及认同显著性（identity salience）之关系，由此进一步确认价值观在个体自我系统中的核心位置。进而，笔者将介绍体现于恋爱关系中的具体的传统价值观形式，并对其性别与文化差异进行讨论。

第二，笔者将进入本研究的核心问题，即基于压力过程模型，由传统价值认同所规定的自我意义如何调节源于恋爱关系中的压力与个体心理健康的关系。在这里，笔者会详细回顾压力有关文献中的意义研究脉络以及传统价值观在压力过程中可能的运作方式与过程。这是第三章第二大部分的内容。

第三，结构与文化背景。在上述关系中是否存在结构性（如性别）及文化性模式以及这些模式是否可以通过个体在传统价值认同上的差异来解释将是最后一个层面要讨论的问题。

从本质上看，此理论建构的核心是 Burke 的认同控制理论及其与压力过程模型的结合思路，也进一步借鉴了认同分裂理论的逻辑，其从属于压力研究中的意义研究脉络，并在社会结构与人格范式及结构性符号互动论框架指导下融入了更多的社会结构与文化元素。本研究试图通过恋爱关系的具体领域检验一个更加一般化的理论观点：当某些价值观明确地处于个体的自我系统的核心和基础位置时，这些价值观对于个体的自我定义具有深刻的影响，这种深入自我的价值观进而会对个体面对生活压力时的心理健康产生深远影响。此研究的一个重心是当价值分裂（value-discrepancies）发生时，自我价值作为自我的核心或角色认同的基础会对心理健康产生何种影响。

图2-1的概念模型描述了上述理论建构，由两条理论逻辑路线贯穿：中介路径与调节路径。图2-1中的实线代表中介路径，通过这一逻辑过程，传承自文化并受到结构性因素（如性别）约束的价值观塑造了个体对自我的概念，形成内化的价值认同，由此进一步塑造了压力源之于自我的意义，例如塑造个体对分手事件的自我意义诠释，然后

进一步影响个体的自尊，进而产生某种心理健康结果。

图 2-1 中的虚线代表调节路径。经由调节路径，价值认同可能呈现对压力源与心理健康结果之间关系的调节效应，即改变压力源对心理健康的影响系数。这是一种较容易量化的调节效应操作方式，但价值认同表现出的调节效应往往是对其所规定的压力源自我意义诠释的一种间接表达。也就是说，虽然价值认同可能从量化关系上体现上述调节作用，但真正调节压力源和心理健康结果之关系的是由某种价值认同所规定的个体对于某种压力源的自我意义定位。用价值认同进行调节效应的量化检验是对这种自我意义内涵的间接操作化方式，因为个体对压力源的自我意义诠释需要通过质性研究才得以深入探索。

对于上述调节效应过程，传统的基于压力过程模型的研究，通常会运用一种更加间接的方式表达，在图 2-1 中体现为从结构性元素和文化性元素指向压力源与心理健康结果中间的调节路径。更详细地讲，这种更加间接的调节效应检验往往通过结构性变量（例如 SES 和压力源之间的交互作用，建构 SES 和压力源的乘积项）实现。但是，这种结构变量体现出来的调节效应实际上是进一步通过社会心理变量得以发生作用的，例如这里的价值认同及其相关的自我意义。因此，结构变量是因果链条上的远端（distal）因素，其效应由近端的（proximal）社会心理变量所解释和传递。值得一提的是，自尊与自我效能感常被发现是因果链条上的诸种病源性因素的最关键心理载体，并直接导致某种精神病态后果。但是除了作为中介变量存在，研究也发现，既有的自尊水平也可以作为调节变量调节（缓冲）社会压力对心理健康的损害程度。在本研究中，笔者采取前一形式，将自尊当作中介变量考虑，传导压力性事件对心理健康的影响。①

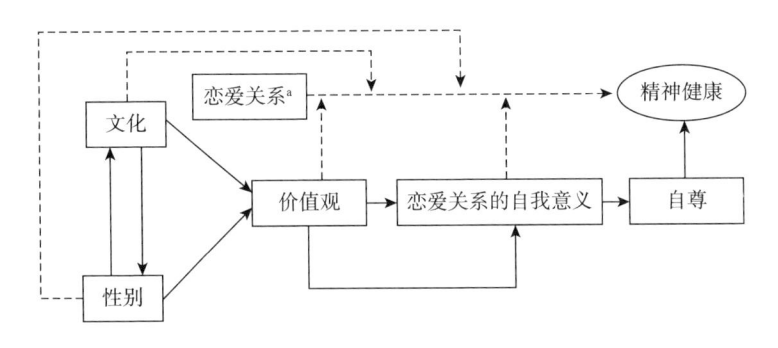

图 2-1 概念模型

a 包含恋爱关系中出现的压力来源，如恋爱关系中的突发压力事件与慢慢发展的压力事件。

说明：此模型为概念模型，具有理论意义，因此并没有标注每一条可能的关系路径，模型中的每一个变量也并非都能通过量化的方式进行经验检验。此处的焦点是检验价值观对那些身处恋爱关系中的人们的心理健康所起到的作用，并对这种效应中可能存在的性别和文化差异进行比较。此模型主要由两条理论路径构成：中介路径与调节路径，分别由图中的实线和虚线表示。

在这个概念模型中，本研究将聚焦于调节效应（虚线）的检验，因为中介效应链条的检验需要对自我意义的直接测量，如前所述，这超越了一般性量化数据收集与分析的能力，需要质性研究的参与。在本研究中，恋爱关系中的

---

① 也有研究者认为，应该广义地将自尊与自我效能感纳入心理健康结果变量的范畴，但这里笔者采纳更主流的观点，认为自尊受损是导致某种心理健康后果的直接预测变量，而不是心理健康结果本身。

压力源对于恋爱中个体的自我意义，只是通过对传统价值观的调节效应的检验进行推论，这一检验通过使用调查数据并运用结构方程模型加以分析得到。关于分析模型与策略的详细讨论将在以后的章节中呈现。

第三章 恋爱、传统价值观与心理健康

一 价值观相关概念

（一）价值观的概念及其在自我系统中的角色

1. 价值观的概念建构

价值观（value），作为哲学与社会科学研究中的一个古老概念，具有多种定义方式（Smith，1776；Carey，1858；Case，1939；Kluckhohn，1951）。始于奥尔波特（Allport）和他的同事（Allport，1955；Allport et al. 1960），心理学领域开始对价值观进行统计上的量化测量（Kulich and Zhang，2010）。自此，社会科学的多学科领域中逐渐出现了几种对价值观进行定义和测量的较有影响力的研究。其中，Rokeach（1973：5）将价值观定义为"一种持久的信念，这种信念是关于一种个人或社会所偏好的具体行为模式，相对于与之相反的另一种行为模式或存在的目的状态"。

Rokeach进一步区分了两种主要的价值观类型,即工具性价值和终极性价值(instrumental and terminal values),并发展出对价值观和价值观系统进行等级性测量的方法。值得一提的是,Rokeach(1973:8)已经开始讨论道德价值观的概念。他认为道德价值观聚焦人际关系并且对于错误的行为唤起一系列的良心感或内疚感。

另一具有影响力的价值观研究来自 Schwartz(1994)的价值观理论。Schwartz 和 Bilsky(1987:551)总结了大多数价值观定义中共有的五种特征。根据既有文献,价值观是:(1)概念或信念;(2)关于可取的目标状态或行为;(3)超越具体情境;(4)指导行为与事件的选择与评价;(5)以相对重要性排序。具体来说,Schwartz(1994:21-24)将价值观定义为"可取的超越性的目的,重要性各异,作为个体或其他社会实体生活中的指导性原则而存在",认为这种"关于可取的事物的定义,指导社会行动者(如组织领导者、政策制定者、个体行动者)选择行动、评价他人和事件以及解释他们自身行动和评价的方式"。

Gecas(2000:95)总结了 Rokeach、Schwartz 和 Bilsky 以及 Shamir 等的价值观定义,将价值观定义为"关于可取的行为模式或存在状态的定义与信念,超越具体情境,指导决策和事件评估,并以相对重要性为基础排序"。价值观是一种社会心理学概念,融合了认知、情感和方向性层面的内容(William Jr.,1979:16)。相似地,Hitlin 和 Piliavin(2004:362)也指出,价值观是整合了情感与认知元素的评价性信念体系，给生活世界中的人们以方向性。

从社会心理学的视角来看，价值观概念中的内心或动机属性是最值得注意的层面。早期的心理学家如奥尔波特（Allport，1955）和史密斯（Smith，1969）就开始注意价值观在人格系统和行为塑造中的重要性。这个领域的研究后来逐渐没落，在社会学和心理学学科中都没能繁荣起来，直到21世纪，情形才又开始好转。Rohan（2000）所发表的综述标志着学界对价值观的研究兴趣开始复苏。在这篇文章中，作者认为价值观概念建构应当被视为一种"稳定的、制造意义的、高级的认知抽象物"（Rohan，2000：257）。他试图进一步整理出过去的价值观理论和研究中出现的定义不一致的问题，并指出，五个方面的原因导致了这种不一致和混淆。这五个方面的原因是：（1）价值既可以作为动词又可以作为名词；（2）价值优先、价值类型和价值系统之间的差异；（3）关于"想要"或"应该"的价值优先性；（4）个体的价值系统相对于社会或文化的价值系统；（5）价值系统、世界观和意识形态的差异。

Schwartz（1992，1994，1996）的价值理论对上述价值观研究中第二个方面的混淆（价值优先、价值类型和价值系统之间的差异）具有澄清的意义。Schwartz的价值理论认为，在人类多种文化中存在一种普遍的人类价值系统。这一普遍的价值系统由十种类型的价值观构成，包括成就、权力、普遍主义、仁慈、享乐主义、刺激、自我导向、安全、遵从与传统。这十种价值类型具有一个二维度的结构。

个体是基于他们自身所处的社会环境而形成这样的普遍价值系统的，但是由于独特的个体经历与个体人格特质，这一价值系统中的每一种价值类型在相对重要性上具有个体差异。因此，Rohan（2000）总结出，在这一组具有普遍重要性的价值类型中，个体之间的差异仅仅存在于不同价值类型的相对重要性方面。Verplanke 和 Holland（2002）的研究也表明，一种价值类型对自我的核心性是一个变量，与价值对应的行为则是这个变量的函数。

与本研究相关的另一重要观点也需要澄清，这与上述提及的价值观研究中存在的第四个方面的混淆（个体的价值系统相对于社会或文化的价值系统）有关。本研究聚焦于个体价值优先性和个体价值系统而非社会和文化价值体系，尽管二者具有不可避免的联系，并且有时候是一致的。个体价值优先性是在长时期社会化过程中个体内化并用来定义独特自我的那部分价值观，而社会价值系统可能与之相去甚远。二者之间的相互影响、融合与协调是一个伴随个体终生的过程（Rohan，2000）。

Hitlin 和 Piliavin（2004）对价值观的概念进行了完整回顾，他们认为价值观的概念在社会学研究中被随意使用，常常被用于指称多种社会心理现象。为了对价值观概念进行澄清，Hitlin 和 Piliavin 对与之相关的概念（如态度、属性、规范和需要等）进行了区分。其中，价值观和态度之间的关系尤其重要，因为许多研究将二者当作一样的概念建构来使用，甚至有人提出价值观研究可以被态度研究所取代。实际上，Rokeach（1973）早就已经对这两个概念进行了区分并强调这两个概念之间具有重要区别但也具有功能性联系。大体而言，Rokeach（1973）将价值观视为更抽象、在人格中更核心、对行为更具有指向性的概念，因此价值观在数量上要远少于态度。但是，态度也可以被视为更高层的相关价值观的表达，当涉及具体态度问题时，其相应的价值观也会被激活。

有些研究对此问题也表达了相似的观点。例如，Rohan（2000）认同这种抽象-具体的区分，并指出强调价值观与态度之间的这种划分有利于价值观研究的再次繁荣。Miao 等（2003）指出，态度可以指向更具体的事物或社会问题，而价值观则全是关于抽象的理想，如自由、平等、贞洁等。对于价值观比态度对行为有更强的规定性和指向性这一观点，研究者基本达成了一致。个体会感到应该（也就是自愿地甚至是无意识地）按照自身的价值观来行动，这是因为价值观在个体人格系统中处于更核心的位置或者说在个体内在的评价体系中具有更高的等级（Hitlin and Piliavin, 2004）。

Miao 等（2003）进一步提出价值观与态度之间也具有某些相似性。二者均属评价性、主观性概念且相互联系。大量关于态度与价值观关系的研究聚焦于价值观对态度的影响，尽管相反的影响方向亦有可能发生（但是困难得多）。研究发现，抽象性价值观的变化强烈地影响针对一系列具体对象与问题的态度的变化。也就是说，态度被认为是一种价值观的表达类型（Katz，1960；Miao and Olson，2000）。

事实上，笔者更加赞同 Rokeach（1973：18）关于态度变化的观点：对于一个普通成年人来说，抽象价值观的变化可能较难实现。但是，既然一种具体的态度对象具有实现特定价值观的工具性功能，当态度对象的这种"感知的工具性"发生改变时，对待这个对象的态度也应该会发生改变。相似地，当这种态度与一个更为重要的价值观相联系时，这种态度也变得更加抵制改变。

Kulich 和 Zhang（2010：244）对价值观概念的发展进行了综述，总结了价值观概念建构中较少争议的几点，在此借用他们的总结作为至此本书中对价值观讨论的小结：（1）个体价值观，不等于文化或民族价值观，而是"一种文化的主动内化与个体性建构"（Kulich and Zhang，2010：244）；（2）如上所述，尽管态度具有价值表达性，但是价值观比态度具有更高的抽象等级；（3）价值观是评价性的，负载着情感和认知的元素，不同于一般性观念（belief）。笔者在本书中多采用个体水平的价值观概念，即个体内化的价值观。但本书的最后一部分在涉及文化和性别差异的检验时，则使用集合水平的价值观分数以进行跨文化与跨性别的比较。

2. 价值观在自我系统中的地位

对于价值观在自我系统中的位置问题，有两种相关的视角。第一种是价值观可以成为自我概念或认同的基础之一，正如角色和群体身份也可以成为这样的基础一样。但是，这一观点并没有涉及价值观相对于自我系统中的其他成分的地位或相对重要性。Gecas（2000）是持这一观点的代表之一。他认为价值观对自我概念而言极其重要，因为"价值观给予我们的生活以目的、意义和方向"（Gecas，2000：94）。他提出，以价值观为基础形成的自我认同是一种"价值认同"（value identities），价值认同与角色认同和群体认同具有类似的社会学意义，因为它们都具备联结个体与文化或结构系统的功能。当个体高度忠于他们的价值观并以此来定义自身时，价值认同便形成了（Gecas，2000：96）。正是这些价值认同，而非社会和文化价值观本身，指导着人们的行为和对事件的评价。其他的研究者也提出了价值观和个体人格（或自我）之间关系紧密的观点。例如，Bilsky和Schwartz（1994：178）在明确检验了价值观与人格的经验关系后提出，二者以一种可预测的方式相互关联。他们还提出，"价值观是一种独特的人格倾向（disposition）……是一种以重要性来评判的有意识的目标，这种目标作为个体自我认同的一部分，被个体体验为一种对自我的要求"（Bilsky and Schwartz，1994：178）。

第二种视角将价值观视为核心自我（core self）的基础，给自我提供了最根本的意义并指导具体角色和群体认同的执行。正如Hitlin（2003）所声称的，价值观构成了"个体认同的核心"，是自我的核心，产生了一种独特和完整的自我的个体体验。他认为，价值观是跨情境的并"通过作为中介的各种具体情境中的角色、群体和价值认同的发展被履行和表达"（Hitlin，2003：122）。埃里克森（Erickson，1995）在对真实性（authenticity）的概念建构中也表达了相似的观点。她认为价值观处于自我系统中的核心位置并构成了"真我"（true self）的基础。她进一步肯定了自我价值观在自我系统中的根本性地位并讨论了这种概念化方式对认同理论的启示。她认为，自我价值给个体认知到的"真我"的维系提供了意义支撑，这种意义比任何一种与具体认同（如基于某个具体角色的认同）相关的意义更为根本，跨越具体情境而存在。我们之所以忠于某些具体认同是因为这些认同给予了我们表达那些最重要的自我价值观的途径，从而使我们能够忠于最根本的自我。Lydon（1996）在提出自我承诺关系方案（schema of self-commitment relation）时也提到了类似观点，即我们会特别忠诚于那些表达我们核心观念、价值观和认同的目标和事业。Rokeach（1973）和 Feather（1995）的观点同样支持核心价值观对自我的重要性。他们认为，核心价值观具有强烈的情感负载，因此，"个体会通过各种方式去为他们的核心价值观辩护并在这些价值观被实现、被挑战和被挫败时以一种情绪化的方式进行反应"（Feather，1995：1135）。

Seligman 和 Katz（1996：55）进一步指出，价值观与价值观系统（个体的价值观优先性的排序体系）的稳定性取决于其对于自我完整性的意义，因为"价值观是自我用于评价和合理化自身的标准；价值系统的稳定性对于表达自我历时和跨情境的一致性是必要的"。Turner（1978）也提出,在个体自我概念的诸多组成元素中,一些是真实自我的表现,是极其重要的,另一些则是不那么重要的外围元素。核心价值观,正如以上这些研究者所讨论的,对于自我极其重要,是"真我"的基础。尽管这些价值观的根源可以追溯至社会文化与结构环境,但是当它们被充分内化于个体自我与人格之中后,它们就自动且自然地发挥着内部核心动力的作用。

(二)个体认同(价值观)与角色认同的联系

针对价值观在自我系统中的地位的上述两类观点,本研究采纳第二种,即本研究认为价值观尤其是核心价值观在自我系统中处于核心地位。在如何联系以价值为基础的个体认同和以角色为基础的角色认同的问题上,这一视角可推进有益的讨论。如前文所述,Hitlin(2003)提出了一个整合个体认同与基于角色和群体身份的社会认同的框架,这一框架就是通过将价值观概念化为个体认同的核心来实现的。当讨论个体认同的概念时,他提到,个体认同"是一种个体长时间建构起来的自我,这种建构是通过开展那些被认为是个人属性而非社区意志的项目时得以实现的……强调的是个体自主性和能动性而非社区参与……个体将这种活动体验为核心或独特的自我表现,这是群体或角色认同所不能给予的"(Hitlin,2003:118)。Burke 和Stets(2009)也提出了类似的关于个体认同在自我系统中的核心位置的观点。他们认为个体认同比角色认同更可能在各种情境中被激活,个体认同得到验证也会使人们产生一种自我真实感(self-authenticity),这是与核心自我相关的。正如他们所说,"个体不会'穿上'和'卸下'这些属于个体认同的特征,但他们可能'承担起'和'退出'某些角色"(Burke and Stets,2009:125)。当然,个体认同与角色认同并没有分离,实际上,正如 Turner(1978:1)所说,当角色社会化的效果渗入人格特质的形成时,二者便融为一体。

Hitlin(2003)进一步建议,认同理论与社会认同理论之所以没能成功整合,部分是因为他们或者是忽视了自我的个体层面而强调其社会层面,或者是将这两个层面当作相互隔离的两极。尽管对这种分离的观点仍有支持者,但正如 Stets 和 Burke(2000:228)所说,"要想获得一种一般化的自我理论,我们必须理解群体、角色和个体认同是如何相互关联的"。Hitlin(2003)提出的价值观概念就具有这种促进各个自我层面相互融合的潜力,因为价值观既被内化为定义个体人格的特征又是被社会文化所模式化的。集合水平上的价值观研究表明,价值观是文化的一个关键特征。因此,将价值观(尤其是核心价值观,也就是那些被个体赋予高度优先性的价值观)概念化为个体认同的核心将允许个体认同和社会认同之间产生"可渗透性"。他进一步指出"价值观是对向往之物的富含情绪的概念……围绕适合于自我的情绪意义而发展",将价值观融入自我系统将有助于避免"一种对社会认同过程的过度认知化倾向"

（Hitlin，2003：132）。为了检验这一理论观点，Hitlin（2003）选择志愿者认同作为一个经验切入点，检验其与具体价值观的关系。他使用 Schwartz 价值观问卷调查后发现，志愿者认同［通过对志愿捐血认同的承诺度（commit ment）加以测量而获得］与自我超越价值观（self-transcendence values）呈正相关，而与自我增强价值观（self-enhancement values）呈负相关。Hitlin（2007，2011）将这一观点进一步具体化并将价值观融入个体认同的道德层面，提出道德的自我层面的验证将提升自我真实感和自尊。

以笔者之见，这一理论框架亦可以在更一般的层面上帮助我们提升对社会与个体之间相互渗透之关系的理解。对于成年人，个体价值观是个体能动性的一种反应并指导个体对扮演具体角色或加入具体组织群体的选择，亦会影响个体对其所扮演的某个角色或群体认同中的核心意义的认知，对角色或群体认同的总体重要性的评估以及与对角色或群体认同相关的压力的诠释也因而进一步与身心健康结果相关，并与其他层面的不平等结果相关。同时，价值观由文化与社会结构所塑造，并受之影响而成模式化。因此，我们能够清晰地看到一个从社会到个体的过程并反过来回到不平等的社会结构和结构化的文化的圆环。

基于 Hitlin（2003）提出的框架，本研究将聚焦于价值认同的角色，探索价值认同如何与 Stryker（1980）提出的角色认同相联系。在 Stryker 的结构化符号互动论及认同理论中，"角色"的概念（附着在社会位置上的行为期望）因其所具有的"双重"属性（duality nature）被运用来将个体与社会结构联结起来（Stryker and Burke，2000）。个体以类别化的角色定义自我和他人，当角色期望被内化时，就变成自我概念的一部分，即成为"角色认同"。因此，角色可以向上建构而形成社会结构、向下建构而形成自我的内容，因此，角色就成为社会结构与个体之间的联系和纽带。为了进一步明晰这些联系，Stryker（1980）引入了"承诺"（commitment）的概念①，这一概念可被视为从社会网络视角出发的社会结构的操作化定义。在理论上，这一概念通过影响角色认同的结构（认同显著性，identity salience）来预测个体的角色选择行为（role choice behavior）。在这一理论体系下，研究者常在角色关系的水平上测量"承诺"这一概念，将其操作化为"个体由于拥有某种角色认同而从属于某个社会网络，在这一网络中社会互动的广度和深度"决定了个体对这一角色的承诺程度。进一步的，这种由于拥有某个角色而带来的社会网络互动的广度和深度被定义为"互动承诺"和"情感承诺"两个层面（Owens and Serpe，2003：87）。总之，基于核心价值观作为个体认同的中心以及自我真实感的来源因此比具体角色认同更需要得到验证的理论观点，笔者提出，自我价值观和与之相关的角色认同承诺与认同显著性（基于 Stryker 的认同理论的定义）之间在理论上存在相关性，并且笔者将在本研究中对这一点

---

① "承诺"指的是"个体在社会网络中与他人的关系取决于占有某个特定认同和角色的程度"（Stryker and Burke，2000：286）。

进行经验验证。

总结以上的理论探讨可以发现，价值观或内化形成的价值认同（Gecas 的术语）或者埃里克森（Erickson）提出的自我价值观，都具有一个共同的特征，即一方面构成个体的特征，另一方面由社会结构与文化所形塑。因此，笔者采用 Hitlin（2003）的观点，即价值观构成了个体认同的核心部分，而这种基于价值观的个体认同的实现为个体提供了自尊感的来源。那部分用于定义独特自我的价值观（或所谓的核心价值观）是本研究特别感兴趣的部分。而且，价值观需要在践行各种社会认同和角色认同的过程中，在维系那些被认为有利于价值观实现的社会关系中，持续地得到验证。核心价值观驱动人们对这些认同和关系的认同与情感进行评价，驱动人们对这些具体的角色和关系发展出承诺感，并在这个过程中影响人们的心理健康结果。在下一个部分中，笔者会将焦点转移到对恋爱关系中具体价值观的讨论上，尤其关注性别与文化的差异性。

（三）恋爱关系中的传统价值观：文化差异与性别差异

1. 文化差异

大多数对恋爱（与性）关系中的态度与观念进行跨文化比较的研究都发现，中国人比西方人更具有性的保守性（例如，Higgins, Zheng, Liu, and Sun, 2002; Tang and Zuo 2000）。针对中国与西方青少年的研究亦发现，中国青少年在恋爱态度与观念上比西方青少年（在该研究中是指来自南欧和英裔澳洲背景的西方青少年）更保守（Moore and Leung，2001）。作者将中国文化中的浪漫与爱描绘为"浪漫的保守主义"，并且从属于群体（通常是家庭）的需要，受到特定群体社会规则的约束（Moore and Leung，2001：55）。例如，在中国文化中，婚前性行为被认为是不合适的，因此，在性的表达上的保守与克制在中国文化中是被鼓励的，这必将影响年轻人对爱情的态度和行为（Moore and Leung，2001）。Li 等（2010）的研究发现，受到中国文化的影响，中国青少年比起同龄的加拿大青少年谈恋爱的概率更低，部分是因为中国父母会约束孩子谈恋爱以使其能专注于学习。

相对于青少年，文化价值观和性别结构可能对年轻的成年人（尤其是大学生）产生不同的影响。中国父母通常不会约束，甚至有时会鼓励上了大学的孩子发展恋爱关系。同时，大学生在价值观和世界观上更加成熟，因此可以更加独立自主地探索这种关系。因此，大学生内化的价值观可能对他们的恋爱态度与行为产生更大的影响。Pan 等（1994）试图在主要的社会关系领域，例如男女关系、家庭关系、长辈与权威等级关系领域，对中美成年人的价值观念进行系统比较。作者提出，之所以围绕这几种主要的社会关系类型来组织和分析价值观，是因为价值观引导人们的行为和人们在社会关系中赋予意义的方式，因此价值观会在人们处理各种角色关系的日常生活中得到很好的反映。

对于在男女关系领域的传统价值观，作者询问的问题涉及女性的贞洁、同居、婚前怀孕和女性的服从等方面，作者发现，总体而言，中国受访者比美国受访者更加保守。

除了来自传统价值观的影响，Pan 等（1994）也注意到了影响力日渐强大的西方文化对中国年轻人的恋爱价值观的影响。这股全球化的思潮已经不可避免地影响了中国社会，尤其是对那些作为新文化先锋的大学生们的影响更大。正如 Moore（1998：279）所描述的，大学生，中国社会中的一个先锋群体，对西方文化的态度比较复杂。Li 等（2010：118）也谈道："亚洲文化中存在一种日益增加的接纳西方规范的态度。"在一个对北京大学生的婚前性行为的调查中，Zhang 等（2002）发现，高达 41% 的受访者（受访人数为 2050 人）回答自己曾有过婚前性行为，而这一比例在现实中可能更高。在那些有过婚前性行为的受访者中，仅有 69% 使用过避孕套，这也暗示着有些人堕胎的可能性较大。

与上述主张中国年轻人受西方文化影响的观点不同，另一派学者对西方化趋势持保守态度，主张传统文化仍具有强大的影响力。Chang 等（1997）通过对中国台湾青少年中日益增多的婚前性行为和未婚怀孕现象的调查来探讨西方文化带来的影响。他们发现西方文化对女性的性道德与性行为影响更大。他们认为这是由于"中国文化自古以来对男性的性行为更为宽容"，也可能是由于女性受教育和就业机会增加带来的女性自主权的增强（Chang et al.，1997：266）。但是作者也指出，这并非真正的"性解放"，而是仍然反映了预存的中国价值观,这是因为中国文化在婚姻、家庭和女性贞洁的核心部分上具有持久的影响力。女性的性道德大体上并没有因为日益增大的西方文化的影响而改变,尽管在未来存在改变的潜在可能。作者最后总结到,一个现代社会中的传统价值观可能会以适应现代化环境的形态出现,但仍然会持续地成为人们生活中的指导原则。

Pan 等(1994)具体地探讨了当代中国社会的文化融合。他们指出,当代中国的日常人际关系同时受到三个文化价值系统的影响,包括中国传统文化、马克思主义和西方文化(Pam et al., 1994: 25)。即使在今日中国,婚前性行为已较多,尤其是在一些大城市,但这仍然不是一件"好"事,羞于在人前谈论,仍然带有一种道德判断的含义。因此,作者得出结论,尽管全球媒介传播的兴起使文化之间融合日益加强,中西之间仍然存在显著的文化价值观差异。

2. 文化内部的性别差异

在一个更抽象的水平上,研究检验在一个普遍的价值系统中、在一系列广泛的价值观中,是否存在价值优先性的性别差异。在这一点上,不同的理论视角提出了不一样的假设。唯实论者和角色学习理论家认为在优先价值观上存在稳定的性别差异,而建构论者和互动论者则声称并无此差异。Prince-Gibson 和 Schwartz(1998)提出,现有经验研究证明在优先价值观的性别差异问题上产生了模棱两可的结果。使用 Schwartz(1992,1994)的价值观调查数据,作者对以色列成年人的一个代表性样本进行了经验检验，发现十种不同类别的价值观中的任何一种，在价值优先性上都不存在性别差异。

具体到与恋爱关系相关的价值观的性别差异方面，Cochran和Peplau（1985）发现，男女两性在依恋价值观的优先性上并无差异，也就是说，男人和女人同等地重视在恋爱关系中的亲密感和个人独立性。但是，在亲密关系中的传统价值观领域，尤其是在传统的性价值观上，研究常常发现性别差异的存在。例如，Pan等（1994）发现，在男女两性价值观上，男性比女性更加赞同婚前性行为和同居，男女两性在相似的程度上都赞同女性的贞洁观。Lp等（2001）发现，相对于女生，男生更加赞同婚前性行为以及在性行为中使用压力和强迫。Moore和Leung（2001）则发现男性在恋爱关系上比女性更加"随便"。Li等（2010）比较了中国和加拿大学生的恋爱关系，发现性别调节了文化差异，中国女孩最少涉入恋爱关系。Chang等（1997：268）讨论了在性别和性取向上的中国传统价值观并对上述性别差异提供了某种解释。他们认为中国的性传统是以父系文化为特征的，男人比女人拥有更多的性自由，而对于女人的性自由最大的约束则是"贞洁制度"。

对于女性贞洁的重视在中国有着长久的历史，贞洁作为一种重要的评价女性价值的道德标准而存在。传统的女性贞洁观要求女性在一生中仅仅与一个男人发生性关系，并且在丈夫去世时继续保持下去。女性需要尽最大努力避免对其贞洁的玷污，即使以自杀为代价（Chang et al.，1997：268）。但是，男性获得了文化许可，被允许拥有"妾"或者去妓院，社会文化对此持宽容和原谅的态度（尽管也并不认为是好的或道德的行为）。上述研究显示，男性比女性在性开放上更加受到文化层面的鼓励，同时，女性自身也深深地内化了这种文化价值观，对男性的性放纵更加宽容而对自身的性贞洁要求更加严苛。男性的父权制权力和社会的结构性约束不仅从外部对女性进行约束，而且通过影响女性自我评价的重要价值观念以一种内化的方式约束女性。

事实上，对女性贞洁的强调是中国传统文化的重要特征之一。一些经验研究发现，尽管发生了深刻的社会变革，但一种相对保守的性文化仍存在于当今中国（Higgins et al.，2002）。在一些对中国传统价值观进行的研究中（Matthews，2000；Chang，2003），女性的贞洁被纳入儒教伦理被强调，与道德发展相关联。与此同时，如上所述，西方文化也给人们的价值观带来巨大冲击，体现在越来越多的人赞同婚前性行为、同居甚至是堕胎（如 Zhang et al.，2002）。根据 Zhou（1989：279）的研究，对于贞洁在文化与道德上的强调与浪漫爱情的新观念产生的冲突，给当代中国年轻女性造成了一种价值困境。而且，当代中国的年轻人可能盲目接受西方文化，导致婚前性行为和怀孕、堕胎、性传播疾病等问题的发生，从而可能会对这些年轻人尤其是年轻女性造成身心负担（Xiao，Mehrotra，and Zimmerman，2011）。

第三章 恋爱、传统价值观与心理健康

尽管贞洁的道德标准主要针对女性,但并不意味着在婚姻和非婚的恋爱关系上对男性不存在传统价值观的约束。对男性而言,尽管没有文化上对贞洁的特别强调,但仍要求男性在恋爱关系中的行为是负责任和严肃认真的。恋爱次数过多,尤其是在短时间内,则容易被打上"轻浮"的标签。相似地,不以婚姻为目标的恋爱也容易被当成"轻浮"的例子。"轻浮"是一种道德上的负面标签,对男性和女性而言都是一种强有力的约束,可以约束年轻人的短期恋爱行为,并促使他们以谨慎的行为态度进入长期恋爱关系(Moore,1998:256-257)。因此,对一个"好"女人的传统价值观要求实际上也在某种程度上约束一个"好"男人,尽管对男性的道德评判和结构性约束(如婚姻市场上的价值)要少得多。

最后,因为经验研究通常发现美国年轻人比中国年轻人在性和恋爱关系上更加自由和开放,因此,在传统价值观上也许存在着性别和国家文化的交互作用。例如,Higgins等(2002)比较了中国和英国样本在对待性关系和婚姻的态度上的性别差异,发现中国人在这些态度上的性别差异远大于英国人。作者认为这与英国文化比中国文化更加自由、开放有关。作者进一步提出,与美国相比,英国又被认为是一个传统和保守的国家。事实上,Bogle(2007)认为,美国大学生恋爱的主流模式已经从自由约会变成"约炮"(hooking up)(例如,仅仅为了性约会而没有进一步的情感联系)。因此,笔者预期中国在传统价值观上的性别差异将

显著大于美国，即在传统价值观上存在性别与国家（文化）的交互作用。

二 价值观、自我意义、自尊与心理健康

本研究的核心是将价值观及其相关的认同过程融入压力过程，讨论其在影响心理健康结果上可能起到的中介机制。因此，在这一部分中，笔者将首先对整个压力过程研究进行简单的回顾，然后将这一过程分解为两部分，第一部分讨论压力过程中价值观和自我意义的角色；第二部分简要回顾自尊与心理健康的关系。除了上述从理论上描述一般化的基于意义的压力过程，笔者也会进一步讨论传统价值观如何涉入与恋爱关系相关的具体压力过程。

（一）一幅可能的整体图景

罗森伯格等（Rosenberg et al., 1995）基于自我增强理论（self-enhancement theory）提出，自尊是一种根本的人类动机。他们得出结论认为，存在一种普遍的想要保护和增强自我价值感的人类欲望。价值观为个体提供了一组评判标准，使对于道德和能力的评估成为可能，因此使个体具备了维系和增强自尊的手段（Rokeach, 1979）。Rokeach（1979：50）指出如果这种价值观不复存在，则人们将无从知晓何以维持和增强他们的自尊。Gecas（2000：97）进一

步强调，价值观的这种功能不是由价值观本身所实现的，而是通过价值认同的中介作用实现的，价值认同才是构成个体自我评估的基础。换句话说，自我增强的动机是一种根本性的人类动机，而履行和实现这些被珍视的价值观念则提供了一种满足这种需要（维持和增强自尊的需要）的途径。罗森伯格等（Rosenberg et al.，1995：145）也指出，当个体在努力满足这种需求而遭遇挫折时，具体而言，例如，当个体无法通过某种角色行为从而实现某种自我珍视的价值时，个体的自我价值感就会受到危害，这可能会进一步导致某种精神痛苦（psychological distress）的产生。因此，我们认为自尊既是一种动机，在一定程度上从根本上驱动人类的行为，又是一种结果，可能被损害并导致精神痛苦的发生。在本研究中，笔者更多地侧重于将自尊作为一种结果变量，这取决于个体能否成功地践行恋爱关系中的自我价值观及其相关的角色认同，自尊可能得到增强，也可能被损害。

进一步的问题是个体价值观如何影响自尊？个体的这一机制如何？基于上述对价值观概念建构的讨论，本书认为价值观通过影响人们评估与自我概念相关的行为和事件的方式影响自尊，评估价值观中所包含的动机性目标是否达成，以及评估价值观被违背所带来的后果（尤其是违背自我概念评价的后果）有多严重。总括而言，价值观通过规定和赋予生活压力以特定的意义来影响自尊。除了认知性的意义，源于核心价值观被违背所产生的负面情绪可能是压力性事件影响心理健康的另一重要机制。耻感就是这样一种情绪，它可能导致自尊降低并损害心理健康。Gerhart Piers将耻感定义为"当个体没能够达成一个构成个体自我概念不可或缺的一部分的目标或者理想时所发生的情感状态"（转引自 Deigh，1999：1）。他进一步讨论后认为，耻感情绪可能对个体的自我价值感造成重创，造成自尊的丧失，因为在耻感发生的情况下，积极的自我形象（self-image）消失了，取而代之的是一个负面的自我形象（转引自 Deigh，1999：2）。因此，没能实现个体珍视的自我价值观（尤其是那些与道德判断相关的价值观）可能通过由此产生的强烈的耻感导致低自尊和精神疾病。其他的情绪类型，取决于被违背或被实现的具体价值观的类型，也可能作为一种中介机制影响个体自尊和其他心理健康方面的结果。虽然这些情绪并不是本研究的焦点，但基于其重要性，应该在未来研究中进行系统探索。

总之，核心价值观常常构成核心自我的重要组成部分并与个体真实感相关。因此，当这类价值观由于来自环境的某些压力性事件而不能够被验证时，事件的意义和后果就可能被评估为严重的，进而，自尊和心理健康就可能受到损害。例如，如果发生某类压力事件（如分手），则这段恋爱关系中的角色认同和角色承诺就会被扰乱，甚至再也无法实现和履行。这一事件从表面上看，会损害与之相关的具体角色认同和角色关系的意义连续性（例如，关于一个男朋友/女朋友认同的内在意义），但从根本上看，则会损伤个体的自我价值（与自我是一个好男人/好女人相关的意义），并进一步损害与之相关的真我意义（如果我不是一个好男人/好女人，那么我是谁），从而最终损害整体的自尊水平。因此，对恋爱关系的角色承诺一方面受到个体对相关的自我价值的承诺的引导，另一方面为实现这种价值承诺服务。正如埃里克森（Erickson，1995：134）所强调的，"因为自我价值构成了附着在特定角色认同上的意义基础，我们能够履行和实现对自我的根本性的承诺的一种途径就是，坚定地忠于和承诺那些能够表达我们最重要的自我价值的角色认同"。

（二）价值观和自我意义在压力过程中的角色

如第一章中所述，压力过程模型（the stress process model）一直在强调和探索自我与认同在其中的角色和作用机制。Thoits（2013）对这个脉络的研究进行了回顾，总结了自我与认同在压力过程中可能发生的四种作用和功能，包括压力评估、压力中介、压力调节和参与社会支持与压力应对过程。本研究的焦点在于探索自我（尤其是那些与个体价值观相关的层面）在压力评估中的角色。也就是说，自我与认同如何影响压力过程中的意义诠释过程并进一步影响压力结果。

关于压力过程如何被自我相关的意义和情绪所调节的研究传统早已有之，尤其是基于认同理论的视角（例如，Brown and Harris，1978，1989；Kessler and McLeod，1984；Simon，1995，

1997；Riessman, 1990；Burke, 1991）。Simon（1997）提出，压力研究中的这个脉络聚焦于个体赋予生活事件慢性压力、占有和丢失某个角色的意义，这个意义赋予过程对于压力过程研究非常重要，因为意义被视为解释角色相关压力的不同脆弱性的关键。因此，这个研究脉络中的一个重要挑战是测量意义的内涵并探索影响人们赋予意义的因素。

关于测量意义的途径，Simon（1997）从现有文献中总结出四种类型：（1）情境路径（the contextual approach）；（2）诠释路径（the interpretive approach）；（3）自我与认同路径（self and identity approach）；（4）价值观与信念路径（the values and beliefs approach）。第一个路径提出，产生压力性事件和慢性压力的情境和背景塑造了它们的意义（Brown and Harris, 1978；Brown, 2002）；第二个路径则是基于心理学家 Lazarus 和 Folkman（1984）所发展的理论，聚焦于人们对于初级和次级压力的认知评估，由此产生三类压力体验（伤害－损失、威胁和挑战）。这两个路径是影响人们对压力赋予意义的重要机制，但不是本研究的着重点。

本研究所采纳的视角是第三种和第四种路径的综合。第三种路径经常涉及角色认同的意义测量，认为这类角色认同所包含的意义可能会调节压力与心理健康的关系。前述的第四种路径则聚焦于一般性的文化价值观和信念如何在集合水平上解释心理健康结果的结构化模式。这两种路径的融合，一方面将价值概念视为自我系统的一部分甚至是核心，另一方面也不忽视价值观与社会结构和文化的系统联结。本书接下来的论述将缩小范围，转而具体讨论自我与认同意义的具体测量方式以及它如何与个体价值观相融合。

（三）自我与认同意义的主要测量路径

在自我与认同路径上的几乎所有压力研究都聚焦于某种类型的认同意义测量，例如，认同控制理论（the Identity Control Theory，ICT）（Burke，1991）、Thoits（1991）的认同相关假设（identity-relevant hypothesis）、认同分裂理论（Identity Discrepancy Theory，IDT）（Large and Marcussen，2000）。在 Burke（1991）的模型中，与角色认同相关的自我意义被概念化为"认同标准"（identity standards），个体将这一内在的意义或标准与我们对环境刺激的认知［或反射性评价（reflected appraisals）］相比较并试图使二者匹配。个体不断地试图将环境输入（input）信息与个体认同标准相匹配，这一过程是通过个体的行为输出（output）得以不断调整和实现的。这种匹配努力的动机源于当矛盾发生时，个体会感到负面情绪和压力。Burke 与 Stets（2009）系统地阐述了这一理论并对相关经验研究进行了总结。他们指出，认同标准是"定义某个角色认同的内在特征的一组意义"，这组意义沿着一个连续谱分布，特定个体则在这个连续谱上定位此认同对于他自身的具体意义内涵（Burke and Stets，2009：63）。基于 Burke 与 Stets 的视角，认同意义不仅是一种源于角色社会期望和规范的共享意义，相反，个体的诠释对于认同意义这个概念而言是必需的。正如他们所强调的,"角色认同中的意义内涵,一部分源于文化,另一部分源于个体对于角色的独特诠释和理解,……第一部分是一个角色认同的客观角色规范或传统维度,……经由社会化和互动他人的反应而内化于个体的自我概念中,……第二部分是一个角色认同的认同部分或特异性维度,……不一定为他人所共享"(Burke and Stets, 2009: 114-115)。当然,不能将这两部分截然分开,二者是相互联系的。

由 Marcussen 与 Large (2000, 2003) 发展的认同分裂理论融合了 Burke (1991) 的认同控制理论与 Higgins (1987) 的自我分裂理论。认同控制理论中的认同标准被进一步细分为理想(aspirations)和责任(obligations),当来自社会互动的反射性评价与二者发生分歧时,二者就会分别预测抑郁和焦虑症状的产生。这一理论并没有对认同意义中的"理想"和"责任"部分所蕴含的个体成分进行进一步分析。正如之前的一系列认同理论一样,这些角色认同中的社会成分才是理论的焦点,但是这些认同意义中的个体成分却从意义的测量方式中反映出来。在对此理论的经验检验中,作者用来自试调查的一系列形容词(如"没有组织性的""爱社交的""勤奋的"等)来描述某一角色认同(如学生角色认同),受访者对每一个形容词在多大程度上符合他们在这个角色上的理想状态和应有状态进行评价。在这种经验测量方式中,受访者对于认同意义(形容词)的主观选择与评价,不可避免地带有了他们对这个角色认同的个人理解和诠释，即带有了个体人格的特色，正如Burke对认同标准的解释中所讨论到的。

Thoits（1991，1992，1995）提出了认同相关假设并基于认同理论从认同显著性的角度测量了认同意义。她指出，某个生活事件的影响取决于它所发生的那个角色认同领域的显著性。也就是说，"急性（acute）和慢性（chronic）压力的被评估的意义和接下来的影响力取决于这些压力所涉及的角色认同对于自我概念的重要性"，即取决于所涉及角色认同的显著性（Simon，1997：258）。因此，尽管认同控制理论（ICT）和认同分裂理论（IDT）对认同意义做直接测量（对于描述某一个角色认同的系列形容词进行主观评分），但Thoits强调了认同意义测量的另一个维度，即认同显著性的维度，这是因为各种角色认同在自我概念体系中的组织形态具有等级化特征。认同标准本身或认同显著性受到干扰时，会影响个体对压力（例如，重大的负性生活事件、持续的角色紧张压力、日常生活中的轻微烦扰）的自我评估。Thoits试图进一步将认同显著性与社会地位联系起来，认为特定社会地位群体往往在某种程度上共享某种显著性认同的模式，借此，则可以在一定程度上解释心理健康方面的社会地位模式。

对于这一假设的经验检验，不同学者得出了不一致的结论。Kessler和McLeod（1984）关于女性对关系型事件的独特的脆弱性的早期研究为这一假设提供了某些支持性证据。Simon（1992）发现，父母认同的显著性调节了父母角色压力和精神痛苦之间的关系，并进一步解释了在父母角色压力的脆弱性上存在的性别差异。Simon 的结果不仅为认同相关假设提供了某些支持，也进一步彰显了认同理论在解释压力过程中存在的机制和一般性的结构模式的价值。但是，Thoits（1992，1995）的经验检验几乎没能对这一假设提供支持。Thoits 指出，检验失败的潜在原因可能是，显著的认同领域在发生某种重大的生活事件时，可能会导致人们的精神痛苦，而这种痛苦可能使人们改变对这一角色认同的显著性等级的报告（Thoits，2003）。Marcussen、Ritter 和 Safron（2004）的研究在某种程度上避免了这些问题。她们通过认同承诺和认同显著性两个指标来测量认同意义并发现了对于认同相关假设的某些支持，还证实了自尊在这个过程中的角色。

在应用认同意义解释心理健康地位差异（如性别差异）的研究脉络中，其他测量认同意义的方式也在各种经验研究中涌现。Simon（1995）通过对角色关系的不同诠释来测量认同意义，并用这种意义差异去解释心理健康的性别差异，也就是，解释男性和女性面临同样的多重角色组合（如工作和家庭角色）时心理健康的差异的机制。Simon（1997）及 Umberson 和 Torling（1997）运用量化与质性结合的方法测量角色认同或关系的意义，询问受访者某种角色认同或关系对他们而言意味着什么。

在上述讨论中提及的对认同意义的各种类型的细化与测量中，实际都涉及了个体对这些角色认同或角色关系的个性化诠释，但这一部分的意义从未成为理论焦点，也从未被明确测量。一方面，这种忽略将阻碍我们对一种整合的自我意义制造机制的理解。例如，为何人们对某个特定角色认同的显著性评价有所不同？尽管显著性的测量已然暗含了这样的个体差异，但并没有明确地纳入它。另一方面，这种忽略也可能妨碍我们系统地联结社会结构与自我意义以及相关的心理健康结果的能力。例如，ICT 和 IDT 在这种结构—意义—心理健康联结上都存在局限，部分是因为它们对认同分裂的测量太过具体。因此，当前对认同意义的测量既无法充分揭示自我意义形成过程，也无法解释其与社会结构的联系。相对而言，对个体价值观及其相关的认同意义同时进行测量也许是一条更好的路径，便于更方便地觉察到自我个体意义和个体—社会的联结机制。

通过将个体价值观整合进意义测量及压力过程中，我们也许能更好地整合个体认同与社会认同，并发现另一条联结社会结构与自我意义及相关的心理健康结果的路径。正如第一章中的理论视角所探讨的，个体价值可能构成了个体认同的核心，并因此规定了角色认同中个性化的异质性的部分，但也不失其与社会结构模式的联结（Hitlin，2003）。Feather（1988，1992，1995）提出的期望价值（效价）理论建议，价值观作为生活中所向往的目标的指导原则，具有动机属性，这一点与个体需要类似，但它又不同于个体需要，因为价值观同时具有评价好/坏的维度。Feather 简洁地指出，"价值观与个体的自我感紧密联系在一起……影响个体理解或定义一种情境的方式，以至于某些对象、活动和潜在的结果被认为是有吸引力的，或具有积极效价，而另一些则被看作是令人嫌弃的，或具有消极效价"（Feather，1995：1136）。

进一步而言，将价值观融入自我意义测量也与已有的认同意义测量方式相容。价值观从本质上而言是关于生活中什么是最被希冀的或什么是责任和义务的一种高度抽象的规定或标准。Rohan（2000）建议，个体价值观可以包含人们想做的和应该做的两个层面的概念内涵，尽管现有文献或是强调前者或是强调后者。因此，个体所拥有的抽象的价值优先性可能在一定程度上决定其在扮演某个角色时哪些具体的认同意义是最被希冀或有最大责任和义务去实现的。换句话说，价值观可能影响角色认同标准中的个体意义部分。价值观也可能指导个体去评价某个具体角色认同相对于其他角色认同的总体显著性。除此之外，价值观比认同意义更加抵制变化，因而提供了一种检验自我意义对压力与精神痛苦二者关系的调节效应的更好的经验检验途径。

至今，在压力过程研究中直接检验价值观的作用的研究仍较少。Simon 和 Marcussen（1999）检验了人们的婚姻观念在解释婚姻变迁（获得与失去）对心理健康的影响中的作用。尽管在意义测量中融入观念成分对于在压力研究中融合社会文化因素有一定启示，但作者并没有检验这个过程中人们价值观的角色。而且，观念与文化和社会结构的联系并没有价值观与二者的关系清晰。事实上,作者也没有发现在所检验的价值观念(关于婚姻的持久性和可希求性的观念)上的性别差异。

总之,自我意义的测量是本研究的核心。与上述文献中所讨论的任何一种单一测量路径相比,一种将价值观视为个体认同的核心的融合性视角是本研究所提出的核心观点,在这种视角下,笔者对角色或关系相关的压力源的自我评估的意义进行测量。一方面,个体价值观在个体认同中扮演了本质上所必需的角色,也规定了相关角色认同的意义标准;另一方面,价值观与社会结构和文化以一种系统的方式相联结。对个体价值观进行明确测量将帮助我们平衡认同理论对认同意义的社会层面的过度强调,因此,采取一种对自我意义生成机制的融合性视角,也不失对个体与社会关系的根本性联结的观照。

(四)自尊与心理健康的关系

生活事件、慢性紧张与压力、日常生活困扰,经由上述的其他相关因素如认同意义的中介或调节,对个体心理健康产生影响。这种影响,在本质上是通过对个体自我概念的重要层面(如自尊和自我效能感)的作用而发生的。大量的文献显示,自尊和自我效能感在压力过程中的角色可以归结为两大类:中介变量或调节变量(例如,Cast and Burke, 2002; Thoits, 2003; Marcussen and Safron, 2004)。在这一部分,笔者将首先讨论自我、自尊和自我效能感的概念，紧接着讨论自尊和自我效能感在压力过程中可能扮演的两种角色类型。

1. 自我、自尊、自我效能感的概念

自我（the self），根据米德（Mead，1934）的早期论述，是一个过程。在此过程中，"I"不断地对"me"做出反应。尽管"me"由来自他人的反射性态度所构成，"I"则对它以一种大多不可预测的方式做出反应。因此，自我是一种"I-me"互动的动态过程，而非某种静态的结构。Gecas（1982：3）将自我定义为衍生于"I-me"对话的反射性过程，而自我概念（self-concept）则是这种反射性活动的产物，是个体对自身作为物理的、社会的、精神的或道德的存在的概念和定义。因此，自我概念可以被概念化为自我过程的产物，这也意味着，尽管自我概念相对稳固，但并非固定不变的。

根据Gecas（1982）的定义，自我概念是一个多维度的概念建构，可以被划分为两个大的维度，即内容维度和评价维度。在自我概念的内容维度，各种类型的认同是最重要的内容，而在评价维度，自尊是核心。自尊指的是自我概念中的评价性和情感性层面（Gecas，1982：4），表达了自我的积极或消极评价。自尊概念具有多种概念化方式，其中一种是基于整体/具体的划分，另一种是基于效能基础/价值基础的划分。

根据Gecas（1983）的观点，自尊可被区分为基于效能的自尊和基于价值的自尊，二者具有相对不同的生发路径。

基于效能的自尊（又称为自我效能感、自我控制感）是基于有效的行动，因此被认为是人类能动性的反应（Gecas and Schwalbe, 1983）；而基于价值的自尊（某些学者将其简称为自尊）则是基于对他人的接纳的反射性评价而产生的。

2. 自尊、自我效能感在压力过程中的作用

自尊和自我控制感被持续地发现是一种压力—心理健康关系中的一种强有力的中介变量或缓冲资源（例如，Pearlin et al., 1981, 1999; Aneshensel, Rutter and Lachenbruch, 1991; Aneshensel, 1992; Thoits, 1999）。在压力过程模型中，Pearlin 等（1981）将受损的自我概念（自尊和自我控制感）概念化为"导致精神痛苦过程中的最后步骤"。以不受控制的工作中断作为一种压力性生活事件为例，作者经验地检验了这一事件，认为这一事件影响经济紧张，由此导致自我概念变化，并最终反映在抑郁程度的变化上。Aneshensel（1992）对社会阶层、自我效能感和精神痛苦之间的关系进行了经验检验。自我效能感作为一个中介变量与精神痛苦呈负相关，而如果其作为一个调节变量，则会降低压力对精神痛苦的影响程度。Thoits（1999）的研究显示，压力源通常会降低自我效能感，进而与一系列的心理病态症状相关。Thoits（2003）回顾了这两个脉络的研究，总结认为，自尊既可以作为压力源和心理健康结果之间的中介变量，又可以作为压力缓冲器，调节压力对心理健康的负面影响，这一调节作用的机制可能与高自尊

会引发更加有效的压力应对有关。

在认同理论的框架里,自尊的作用依然是一个研究焦点。Cast 与 Burke(2002)检验了自尊在认同验证过程(identity verification process)中的作用(准确地说,分为基于价值的自尊和基于效能的自尊两类)。他们提出,自尊从理论上可以作为认同验证过程的结果、缓冲和动机而存在,接着他们在新婚夫妇样本中经验地检验了自尊的这三类作用方式。Marcussen 与 Safron(2004)着重检验自尊作为角色紧张和压力的结果变量的作用,并进一步检验其与认同承诺和认同显著性的关系。Marcussen(2006)进一步扩展了认同分裂理论的经验检验范畴,将自尊也纳入认同分裂的过程。Marcussen 发现,自尊作为认同分裂的结果以及作为认同分裂与精神痛苦之间的缓冲机制都得到了部分支持。

最后,关于具体领域的自尊和整体性自尊在压力过程中的作用,Thoits(1999)回顾了两类自尊与压力的关系的既有文献。Thoits 指出,具体领域的压力对具体领域的自尊有更加一致的负面效应;但是,当压力发生于某个被个体认为是重要或有价值的生活领域时,整体性自尊也会受损。罗森伯格等(Rosenberg et al.,1995)发现,整体性自尊与心理健康相关性更强。在本研究中,也仅仅测量整体性自尊水平,因为本研究假定恋爱关系是对大学生来说十分重要的个人领域。因此,在恋爱关系上的起落可能会影响整体自尊,进而影响心理健康。

（五）恋爱关系中传统价值观与心理健康的联系

基于以上对于个体价值观可能作为一个调节变量调节个体对生活压力的反应的讨论，一个合理的推论是，在恋爱关系中，相关的个人价值观可能是影响个体对恋爱中相关压力的反应和脆弱性程度的重要因素。尽管已有文献没有明确检验过传统价值观在压力过程中的作用，但相关研究涉及对男女两性不同的性别角色要求是如何影响他们的心理健康的。Tang 和 Tang（2001）调查了性别角色内化程度作为一个调节变量，如何影响女性的多重角色扮演及其与精神痛苦之间的关系。他们发现，对传统的理想性别角色的内化，在角色质量低下时，加剧了个体在这些领域的精神痛苦。在对"传统的理想个体"的测量中，作者用了诸如"即使我知道这段关系不尽如人意，我也无法离开这段关系"这样的测量项目。Simon（1997）提出，男性和女性赋予工作和家庭角色认同的不同意义解释了在心理健康上的性别差异模式。Sprecher 等（1998）也发现，诸如对恋爱关系的投入度、满意度和持久度等因素与分手后的精神痛苦水平相关，但作者并没有展示出在这些因素上的性别差异。

在文献回顾的第一个部分，笔者首先讨论了恋爱关系中涉及的传统价值观方面的文化和性别差异，接着讨论了基于价值观的意义在压力过程中的作用。综合这些文献脉络，尽管它们彼此之间不完全一致，但我们可以大致得到一个推断,如果恋爱与心理健康之间存在性别和文化差异模式,那么在恋爱传统价值观上的性别和文化差异可能是其中一个解释机制。

(六)小结

本研究的焦点是大学男生和女生的传统价值观如何影响他们赋予恋爱关系的四个维度(谈恋爱/分手;关系紧张/关系中的支持)以意义,进而影响他们的心理健康结果(Simon and Barrett, 2010)。基于目前为止的讨论,笔者在本研究的概念模型中提出的主要机制是,价值观(或价值认同)会影响相关的角色的认同承诺度和认同显著性,这三个变量,作为调节变量,影响恋爱关系和心理健康结果之间的关系。在这一过程中,笔者将自尊作为结果变量加以检验。在接下来的一个部分中,笔者将转到恋爱关系的实质研究领域,回顾在恋爱中的心理健康问题上存在的性别和文化模式的文献,也即,考虑结构性元素或背景。

三 恋爱关系中的心理健康:性别与文化模式

结构与文化一方面经由建构终生社会化的过程塑造个体价值观,另一方面也约束和限制了个体所处的直接环境,在这个环境中,个体既有的价值观经由互动和协商参与压力过程中的意义诠释过程。基于前述关于传统价值观的性别和文化差异的讨论以及关于传统价值观在恋爱关系中的压力调节作用的讨论，可以合理地预期，恋爱关系中的个体心理健康可能存在某种文化和性别差异模式。这个脉络的文献回顾将是本章最后一部分的焦点。具体而言，在这部分里，两种结构水平的元素（由国家所代表的文化元素和性别）被引入。首先，回顾恋爱关系和心理健康相关关系中的文化和性别模式；其次，进一步讨论可能解释这种模式的理论视角；最后，在总结和结论中将这种结构性模式与具体的价值属性联系起来，强调运用价值观来解释这种结构模式的理论潜力。

（一）恋爱与心理健康的相关性：性别差异

心理健康的独特的社会学视角关注社会分层和不平等对心理健康的影响及影响发生的因果机制（Pearlin，1999；Wheaton，2001；Aneshensel and Phelan，1999；Link and Phelan，1995；Mirowsky and Ross，2003）。基于社会系统中多种社会地位分层，例如，性别、种族/民族、社会阶层/阶级以及年龄，发现和解释这些地位-心理健康的模式是这一研究领域的主要任务。

首先，对于心理健康中的性别模式，一般而言，性别是一种社会制度，涉及男女两性间的结构性不平等和文化及规范差异。因此，性别是一种组织个体社会关系、资源和日常活动的强有力的社会维度（Rosenfield，1999：209）。在心理健康社会学中，心理健康的性别模式常常被经验研究发现，但仍然充满争议，即仍然不确定是否女性会比男性遭遇更多的心理健康问题（Gove and Tuder, 1973；Ross and Mirowsky, 1995, 2003；Dohrenwend and Dohrenwend, 1976）。基本上，这一辩论围绕一个核心问题展开，即女性实际上遭受更多生活压力或对生活压力更加脆弱敏感，或是男女两性以不同方式表达精神痛苦，而男性的精神痛苦的表达方式被低估了（例如，Tausig, 1999；Lennon, 1994；Simon, 2002；Aneshensel, Carolyn, and Lachenbruch, 1991）。

这些充满争议的性别模式常常被置于具体的角色关系背景下考量（如恋爱、婚姻、工作和家庭背景）。这一研究脉络的文献常聚焦于是否女性比男性对关系性压力更加脆弱（例如，Kessler and McLeod, 1984；Simon, 1992；Rosenfield, Vertefuille, and McAlpine, 2000）。这一问题在经验研究中通过检验性别和关系性压力源之间的交互项来实现。具体到亲密关系（婚姻中和非婚中的爱情关系）与心理健康的相关性是否存在性别差异的问题，大量的文献认为，女性倾向于在亲密关系上附加更高的重要性等级，因此对于关系中的压力性事件更加脆弱（Hochschild, 1979；Simon, Eder, and Evans, 1992；Thorne, 1993；Broverman et al., 1972；Hatfield, and Rapson, 1996），而另外一些文献则认为这种性别差异并不明显甚至是相反的（例如，Giordano et al., 2006；Stroebe and Stroebe, 1987；Rubin, Hill, and Peplau, 1980）。就婚姻关系而言，尽管大多数文献都达成一致，对男女两性而言，进入婚姻以及婚姻中的积极品质（如来自配偶的支持）对精神健康是有益的，而婚姻解体和婚姻关系紧张则是对心理健康有害的（例如，Umberson et al.，1996；Williams and Umberson，2004），但是在这种婚姻与心理健康相关性中可能存在的性别差异模式依然是不确定的。

对于非婚的恋爱关系而言，相对于成年人，青少年常常成为研究对象（如，Simon and Barrett，2010）。对于青少年而言，恋爱关系对心理健康的影响以及其中存在的性别模式都尚未有定论。一些研究发现，此类关系有益于青少年的心理健康（例如，Coleman，1961；Connolly and Goldberg，1999）；而另一些发现则是对青少年的心理健康有害（例如，Joyner and Udry，2000；Chen et al.，2009）。例如，Chen 等（2009）在中国青少年中调查了恋爱关系的情感与行为后果。通过对北京市 7~12 年级的一个代表性样本的分析，作者发现恋爱关系与更多抑郁症状和行为问题相关，尤其是对于那些在青少年早期就涉入这类关系的学生而言更是如此。青少年在处理这类关系时所面临的压力，尤其是来自分手的压力，可能解释了这样的相关性。对于这种效应中的性别差异，作者提出，女孩似乎比男孩对负面的关系压力更加脆弱。Joyner 和 Udry（2000）认为，女性对恋爱关系中的压力比男性要敏感得多，这可能解释了女孩为何在青少年期比男孩的抑郁程度要高得多。通过回顾恋爱关系-心理健康相关性及其性别模式的现有文献，Simon 和 Barrett（2010）得出结论，对于青少年而言，过早涉入恋爱关系对他们的心理健康不一定有利；性别模式可能并不存在，尤其是当男女两性表达精神痛苦的方式都纳入测量后。作者认为，也许并非如文献和流行的文化观念长期以来所宣称的那样，男女两性在恋爱中的脆弱性差异可能不存在。

与之前聚焦于青少年的研究不同，Simon 和 Barrett（2010）的研究填补了研究对象上的一个空白，他们关注成年早期在恋爱关系中的心理健康模式。他们发现，对于年轻人而言，确立恋爱关系以及从中获得支持对心理健康是有益的，而关系紧张则通常是有害的。对于这种相关性中的性别模式，Simon 和 Barrett（2010）则发现了一个更复杂的图景，即确立恋爱关系和分手对女性心理健康的影响更大，关系中的支持和关系紧张对男性的影响更大。

（二）恋爱与心理健康的相关性：文化差异

对于恋爱关系与心理健康的相关性中可能存在的文化差异模式，很少有文献涉及。Chen 等（2009）回顾了有关青少年恋爱的消极影响的文化差异的文献。他们发现因为在中国青少年约会被认为是不合适且常被禁止的，因此在中国青少年恋爱的消极影响可能更强。La Greca 和 Harrison（2005）调查了恋爱与青少年社会焦虑及抑郁的关系，他们发现了民族的某种调节效应，即相较于黑人和西班牙裔的青少年，恋爱关系中的消极互动和青少年抑郁的相关性在白人青少年中体现得更明显。作者认为，这种调节效应可能源于恋爱关系类型的民族文化差异。民族可能是这个研究脉络中未来需要进一步检验的重要调节变量。类似地，也几乎很少有文献检验文化与性别的交互作用。Simon 和 Barrett（2010）认为，恋爱与心理健康相关性中存在的性别差异的强度可能随着种族/民族群体而变化，尽管在这个问题上几乎没有发现研究文献。具体到本研究，笔者将检验恋爱与心理健康的相关关系是否存在文化差异，进一步检验，文化（国别）是否作为一个更高阶的调节变量存在，也就是说，恋爱-心理健康相关关系上的性别差异模式是否随着文化（国别）的变化而变化。

（三）理论解释

1. 一般性理论导向

基于前述的讨论，心理健康中的性别差异可能源于女性在工作和家庭关系中暴露于更多的压力，或者是源于女性对于与人际关系有关的压力来源更加敏感和脆弱。既然本研究的焦点是压力过程中的自我价值（self-values），特别是聚焦于由个体价值观所导向的自我意义建构如何影响女性的脆弱性，尤其是当男性和女性面对同样的人际关系压力时所表现出的性别差异，因此，在这一部分里，将着重从脆弱性的视角探讨相关文献。

Aneshensel（1992）认为，不同群体对于压力源的脆弱性经常通过调节效应（moderating effect）加以检验，即通过群体的社会地位变量与压力性事件的交互作用在统计模型中进行经验检验，以此来判断哪个群体面对某个压力源时会产生更强烈的精神病态反应。Aneshensel（1992）进一步指出，这是一种对调节脆弱性的因素的直接检验，但这种检验方式只是对其他未被言明或未被发现的具体属性的代理（proxy）。例如，通过检验性别与某个压力源（如丧偶）的交互作用，我们发现女性对于丧偶的抑郁反应更强烈，但我们仍然不知道为什么如此，女性的什么具体属性或者特征使她们面对这种压力时产生更强烈的情绪反应。作者建议，要解释脆弱性上呈现的群体差异，我们必须直接检验这些未言明的具体属性。第一，需要具体地论述这些属性如何影响脆弱性；第二，需要检验这些属性存在什么群体差异或者社会地位差异。通过这两个步骤，解释心理健康的脆弱性视角可以得到直接与充分的阐释。例如，我们仅仅知道女性比男性对社会网络中发生的压力更加脆弱是不够的，我们需要直接检验是哪些因素导致了女性的这种脆弱性。从这个思路来归纳，我们发现，关于应对资源、社会支持和自我认同中的意义的这类研究都是直接检验交互作用中未言明的脆弱性的具体内容的研究路线。

当涉及解释亲密关系和心理健康的关系中存在性别差异时，研究者经常运用两种理论导向来解释女性的脆弱性：社会化理论（Chodorow，1978）和社会结构理论（Kompter，1989）。Bem（1993）区分了这两类理论并指出两种理论的核心区别在于社会因素影响个体的方式不同。社会化理论强调文化观念和价值观念通过日常社会化过程内化于个体，而社会结构理论强调结构性制约以一种更具有强迫性的方式影响个体的心理与行为。Simon 和 Barrett (2010) 也回顾了这两类理论解释。她们进一步总结说,性别社会化视角更强调性别化自我概念 (gendered self-concept) 的作用,认为正是这种具有性别差异的自我概念塑造了女性对于关系性压力事件的脆弱性和敏感性;而在结构化理论视角下的性别不平等视角则更强调女性在经济和权力体系中的地位较低,因此女性在经济上的依附性可能导致她们对情感关系更强烈的情绪依赖,由此对于关系领域发生的压力更加脆弱。这两种理论导向事实上被容纳在社会结构与人格理论框架下,因为社会文化与结构性元素同属于两类重要的结构水平的变量并且社会文化与社会结构共同影响互动过程及个体层面的结果。目前,关于到底是结构还是文化更具重要性的讨论仍然在学术界进行(结构角度参见 House, 1981; Kohn, 1977; Lareau, 2003。文化角度参见 Lewis, 1971)。但是,这类经验研究的焦点不在于检验是文化社会化还是具有外在制约性的社会分层结构对于塑造个体价值观进而塑造女性的脆弱性更为重要,相对应地,这类研究的核心目标有两点,一是找出和确认在脆弱性上存在的性别差异,这种差异可能由多水平、多层面的文化和结构因素所同时塑造;二是发现可能解释这种差异性模式的具体因素。换句话讲,这一脉络的研究采用了一种不做具体区分的或者将文化与结构融合的路径。实际上,性别是一种基本的社会制度,不仅包括了男女两性展现出来的文化差异性,也囊括了男女两性之间存在的各种形式的社会结构不平等(West and

Zimmerman, 1987）。因此，这种融合的研究路径被当代学者所采纳，也被认为是一种检验文化与结构因素的协同作用的更加有用的途径和理论视角（McLeod and Lively, 2003）。

最后，除了刚才讨论的经由文化与结构因素共同塑造的性别差异模式，本研究还检验了另一个重要的结构因素，即在国家层面的文化差异性。一方面，在恋爱关系与心理健康的相关性上可能存在文化差异，也就是说，国家或者进一步而言，国家所代表的文化体系作为这种相关性的调节变量存在；另一方面，国家可能提供了一个更大的背景变量，在这个背景下，恋爱与心理健康的相关性被性别所调节，换句话说，恋爱与心理健康相关性中存在的性别差异还可能进一步存在文化差异，即性别对恋爱与心理健康的调节效应还可能进一步受到国家这个变量的调节，也就是双重调节效应的存在。这是因为文化可能存在于多个层面和水平，而处于不同层面和水平的文化因素可能具有不同的作用机制（Small, Harding, and Lamont, 2010）。正如Schooler（1996）所指出的一样，国家层面的文化可能以最慢的速度发生变化，因此，历史文化因素的传承性导致个体心理与行为上的跨国差异，这种情况即使在经济现代化与全球化可能已经创造了相当程度的跨国相似性的背景下依然存在。因此，本研究的具体研究问题涉及两个不同水平的结构因素，即国家与性别。更具体地讲，性别可能既通过结构约束又通过社会化过程影响个体在恋爱关系中的价值观和心理健康，而且由此呈现的性别差异模式可能还进一步存在国家差异。

2. 影响女性脆弱性的具体因素：来自经验研究的结论

基于性别社会化和性别不平等的理论视角，多种因素可能影响在心理健康上存在的性别差异，尤其是性别化的自我概念或性别认同，正如之前所讨论的那样（例如，Simon，1992；Rosenfield, Vertefuille, and McAlpine, 2000）。关于女性对关系性压力更强烈的脆弱性的经验研究其实也并没有得到一致的结论，而且在具体到解释恋爱关系领域的性别差异时，现有文献也非常有限。Shulman 和 Scharf（2000）检验了青少年恋爱行为和认知中的年龄和性别差异。他们发现，女孩比男孩报告的情感强度显著更高，这和以往在亲密关系研究中所广泛证实的结论是一致的。Schmitt 等（2003）检验了在摆脱恋爱中的依恋情绪时存在的性别差异，并进一步检验了这种差异在更现代的文化中是否更小一些。这里更现代的文化是指具有更加先进和平等的性别意识形态和在政治、经济上更平等的性别结构。他们发现，在所检验的 62 个文化区域，男性并没有比女性对亲密关系依赖更少，这与之前的研究发现和公众认知是相反的。之前的研究和公众观念都认为男性在亲密关系中是比女性更加疏离的。这一发现为 Simon 和 Barrett（2010）的研究发现提供了一定的支持，后者也发现男性和女性的心理健康同样程度地受到恋爱关系中出现的压力的影响。换句话说，这些研究发现，男性在恋爱关系中并不是我们所想象的那样洒脱。

除了上述对影响心理健康的性别差异的具体因素的研究，另一类研究则聚焦于探讨在心理健康问题上男女两性所特有的表达方式（Rosenfield, 2005; Simon, 1992, 2002; Aneshensel, Carolyn, and Lachenbruch, 1991; Rosenfield, Lennon, and White, 2005）。Rosenfield, Vertefuille, and McAlpine（2000），这些研究指出权力和劳动力上的性别分化可能塑造出男女两性在自我和他人关系上不同类型的自我概念化方式。作者将这一观点称为"界限假设"（boundary assumption）。这种在对待自我与他人关系上不同的思维模式进一步导致女性更倾向于表现出向内的心理健康问题，如抑郁；而男性的心理问题则更倾向于指向外，如反社会行为。Simon 和 Barrett（2010）指出，如果将这种性别化的表达方式差异纳入考量，则在心理健康上的性别差异就更加不显著了。

总结一下，沿着性别社会化和不平等的性别结构两个理论路径，现有的经验研究经常检验女性的自我认同或情感模式如何影响她们对于关系型压力的脆弱性反应。但是具体到与恋爱关系相关的压力，却少有研究去系统地检验这个机制，尤其是针对正处于恋爱高峰期的成年早期人群，例如大学生。Blackwood（2000: 223）指出，"性别的文化系统建构了男性和女性不同的性别观念"。尽管关于心理健康中存在的性别和文化模式，现有文献的结论十分不一致，但基于前述关于性别化的性观念和性价值观的讨论，以及基于这些性观念如何影响男性和女性在恋爱关系中的心理健康的讨论，我们可以做出一个合理的假设：个体价值观作为个体自我认同的一个核心部分，也许可以解释在恋爱关系中男女两性在心理健康上的性别差异和文化差异。这一假设推理过程是基于 Aneshensel（1992）所提出的建议，即通过两个步骤将解释群体脆弱性差异的具体属性与心理健康的群体差异模式联系起来。第一步，解释个体价值观为何以及如何能够调节恋爱关系和心理健康的相关性，这就是我们第二个部分文献综述的核心内容；第二步，讨论传统价值观上存在的性别与文化差异以便将这些具体的价值属性与心理健康呈现的结构化模式联系起来。

3. 小结

通常，一个社会中设定的传统价值观，从社会控制的角度来看，是为了帮助维持既有的传统社会结构。例如，在两性关系的领域，无论是东方还是西方社会，传统价值观总是强调女性对于男性的顺从并且对于性关系中的男女两性采取双重标准。由此，传统价值观通过一种价值观内化或者通过对始于儿童社会化阶段的价值观认同结构的塑造，在一定程度上帮助复制了主流的性别分层结构。因此，价值认同的形成可能早于社会角色认同的形成。作为个体内在核心自我的组成部分，个体价值认同是个体定义自己核心身份的关键层面，需要个体在各种社会情境、社会角色扮演和社会互动过程中不断进行自我验证和自我维持。

因此，我们可以从价值观的传统性维度方面检验不同生活领域中存在的心理健康分化模式。不同社会群体中存在的传统价值观的分异或分布可能是造成相应的心理健康群体分化的原因之一。这意味着,当拥有不同程度传统价值观的群体面对类似的生活压力时,一些群体可能会产生比另一些群体更严重的精神病态反应,这种群体差异可能是性别差异,也可能是阶层差异。Kohn(1977)在其《阶层与遵从》(*Class and Conformity*)一书中就发现,工人阶层更有可能遵从传统价值观。当然,仍然需要更多的质性研究去决定哪一个社会生活领域中的哪一种价值观与心理健康的关系最为密切。在当前的研究中,笔者仅仅聚焦于与恋爱关系相关的传统价值观表现,因为这一价值维度既与结构层面(如社会地位)又与个体心理健康结果相关。而且,恋爱关系及其相关的角色认同是对未婚年轻人来说最为重要的生活领域之一,他们会在这种关系实践中不断地去践行和验证他们关于男女两性关系所建立起来的价值观念。

基于 Hsu(1949,1981)的一系列关于中美文化的人类学研究,以及基于后来 Pan 等(1994)关于中美传统文化价值观的调查研究,我们可以一瞥传统中国文化价值观,尤其是儒家价值观,经过几千年的传播,已经渗透进中国人的骨子里,指导着中国人的生活方式、思维模式和意义诠释。Pan 等(1994)根据这些儒家价值观在社会关系中不同领域的表现以变量操作化的方式设计了一系列问卷来测量这些价值观在中美流行的程度。他们对这些量表在语义和功能上的对等性进行了检验,他们发现虽然设计的量表是基于儒家价值观，但是也能很好地衡量美国人的价值观传统性的程度，因此，这一套量表在中美两国背景下具有语义与功能对等性，其测量结果可以用于比较中美两国在价值观传统性上的程度差异。当然，他们也指出，美国人的传统价值观的根源并不是儒家文化而是基督教教义，儒家文化在中国人生活中的表现形式与基督教在美国人生活中的表现形式具有很强的相似性。正如他们所声称的那样："美国文化容纳了许多与儒家教义对等的价值观念……美国在文化观念上的许多层面也是一个传统社会。"（Pan et al.，1994：214）但是，中美两国在价值观传统性程度上的差异可以通过仍然持有这些价值观的人的平均占比来体现。在这一点上，美国从总体上更倾向于自由，尤其是在男女两性关系领域。因此，在本研究中，笔者将性别差异和文化差异都作为结构层面的变量进行检验，并进一步检视这些传统价值观上的结构性差异如何塑造个体对于恋爱关系的压力反应机制。

第四章 中美大学生样本及研究假设

一 受访者的选择及调查

(一) 受访者的选择

出于经费和抽样难度等实际情况考虑，本研究最终选择了一个方便样本作为受访对象。本研究的受访者最终由928名大学本科生组成，他们分别来自美国东北部的一所公立大学和两所中国东北部的大学。尽管样本没有经过随机抽样，而是笔者利用人际关系网络所获得的，因此在样本的推广性和代表性上存在局限性，但是，由于本研究的核心目的之一是探索性的，即探索性地检验传统价值观在压力过程中的作用，核心目的之二则是理论建构性的，即为研究中提出的理论建构提供经验证据，所以从方便样本获取的数据对这两种类型的研究目的都是合适的，虽然算不上是最优的。同时，为了在一定程度上弥补方便样本可能带来的系统偏差，本研究的数据全部来自在导论性课程上收集的调查问卷,这类课程通常是供全校通选的,因而会包括来自各个专业和各个年级的大学生。因此,本研究的样本在一定程度上,至少在样本构成上,与大学生群体具有某种相似性。

(二)调查

研究助理在课堂上现场宣读研究的目的、程序、意义以及保密措施等,同意参与的同学则能得到一份问卷和知情同意书。为了保护受访学生的隐私,也为了遵循机构审查委员会(Institutional Review Board,IRB)的规则,受访学生可以现场填答交回,也可以选择将问卷带回家去完成并在下一次上课时交给研究助理。同时,部分问卷内容涉及个人隐私,在课堂上填写也可能使受访者产生来自周围同学的不必要压力而产生胡乱填写或者不填的行为。受访者自然可以选择随时中止问卷填写或随时退出调查。我们将每一份问卷都放入一个信封中,并且完全匿名。在中美两国的调查都采用了同样的程序。

二 变量测量

(一)自变量

1. 恋爱关系

Umberson 等(1996)总结了社会关系的三个测量维度:

社会整合（social integration）、关系内容（relational content）和社会网络（social networks）。其中，社会整合是指关系的存在或者关系的数量；关系内容是指关系的质量，包括积极层面的社会支持和消极层面的关系紧张；社会网络是指社会关系的结构特征，这个层面不是本研究的重点。Simon和Barrett（2010）基于这些维度对恋爱关系的特征进行了测量。具体来说，他们测量了恋爱关系的存在，即进入恋爱关系和恋爱关系终止，以及恋爱关系中的支持程度和关系紧张程度。社会关系的这些维度都会对个体产生不同程度的情绪影响。在本研究中，笔者也借鉴Simon和Barrett（2010）对于恋爱关系的操作化方式来测量恋爱关系的状态、恋爱关系中的支持和关系紧张程度。

（1）恋爱关系的状态

首先，笔者将从未谈过恋爱的学生群体排除在研究范围之外。对于那些曾经谈过恋爱的受访者，我们用一个五分类变量来评估他/她的关系状态，这与Simon和Barrett（2010）的二分类测量不同。具体而言，五种关系状态分别是：①在过去一年内分手且目前单身；②分手时间超过一年且目前单身；③过去一年内分手且目前在恋爱中；④分手时间超过一年且目前在恋爱中；⑤目前在第一次恋爱中。通过将此变量的类别合并，继续构造两个恋爱关系状态的二分类变量：一是将上述五种关系状态中的①②和③④⑤分别合并，表示当前单身或当前正在谈恋爱；二是令①为一类，令②③④合并为另一类，将⑤类去除，形成是否经历过分手的二分类变量,以检验其对于受访大学生心理健康的影响。

(2) 恋爱关系中的支持与关系紧张程度

我们借用了 Simon 和 Barrett (2010) 使用的两种量表分别测量了关系支持与关系紧张程度。首先,用一个包含 6 个题目项的李克特量表测量受访者所感知到的来自伴侣的支持,例如"我总是对我的伴侣倾吐我所遇到的问题""我知道我的伴侣总是和我站在一起"。回答选项类别是从"强烈不同意(1)"到"强烈同意(5)"。其克朗巴哈阿尔法系数为 0.87,表明 6 个题目具有较高的内部一致性信度。其次,关系紧张则通过一个包含 5 个题目项的量表来测量,询问受访者所感受到的在恋爱关系中的冲突、理解和爱的程度,回答选项是从"完全不对(1)"到"完全正确(3)",此量表克朗巴哈阿尔法系数为 0.75,表明其内部一致性信度可以接受。

2. 传统价值观:调节变量

(1) 为什么我们需要建构一个新的量表?

由于我们并没有找到与恋爱关系背景下的传统价值观测量直接相关的量表,因此,笔者依据量表制作程序,发展和完善了一个这样的新变量。首先,依据当下比较流行且重要的价值观测量的问题建构方式,例如借鉴 Rokeach (1973) 和 Schwartz (1992, 1994) 对于个体价值优先性的测量,去询问受访者某个特定的抽象价值观对个人而言有多重要。笔者据此也采用类似的句式令受访者对某个价值观的重要性做出主观评估。这种句式类型是:"对我而言,……是非常重要的。"这种测量方式,在现有价值观测量中被称为

"评估路径"(the rating approach),而另一类价值观测量方式则被称为"排序路径"(the ranking approach)。但是,由于 Rokeach 价值观量表(Rokeach Value Survey,RVS)和 Schwartz 价值观量表(Schwartz Value Survey,SVS)都是对价值观进行了广泛和一般性测量,并不适合本研究特定的恋爱关系的主题,因此,本研究采用的具体测量指标不同于这两个广泛流行的价值观量表。具体差异体现在两个方面,第一是关于价值观测量的维度。本研究的价值观测量聚焦于价值观的传统主义倾向这个单一维度,而 Schwartz 价值观量表则是试图测量个体的整个价值观体系(这个体系由十个动机性价值类型构成),然后计算每一种价值类型的相对重要性。Schwartz 认为,这样一个价值观体系是具有跨文化一致性的。第二,本研究的价值观测量与态度测量相关。具体而言,在恋爱关系中的传统主义倾向这样一个抽象的价值观被进一步操作化为反映这个价值观的具体态度,即反应为个体针对相关事物的评价取向。基于前述关于态度如何反映个体价值观以及态度如何被个体价值观所规定的文献讨论,此处基于态度的价值观测量完全是一种合理的操作化方式。接下来,笔者会进一步讨论本研究最终采纳的恋爱关系背景下的传统价值观测量是如何被发展并进一步被完善的具体细节。

(2)恋爱关系中的传统价值观测量量表是如何发展出来的?

为了探索在恋爱关系背景下传统价值观的潜在内涵与

结构，我们首先参考了相关文献，同时，还对10名中国大学生进行了深度访谈（5名男性、5名女性）。此外，新发展出来的量表还首先在148名美国选修社会学导论课程的大学生中进行了试调查。

第一，基于相关文献，本研究参考了测量亚洲价值观的三个主要量表，获取了关于亚洲传统价值观的信息。具体而言，Kim、Atkinson和Yang（1999）发展了亚洲价值观量表（Asian Value Scale，AVS），用来测量亚裔美国籍人口（包括日本人、中国人和韩国人在内的少数种族）的文化价值观。尽管在此量表中并没有直接关于两性关系的传统价值观测量，但他们发现了一个围绕遵从传统规范，包括遵从传统的性别角色规范的因子。根据Schwartz（1994，1996）提出的价值观理论，在总体的价值观体系中各类抽象价值观之间是相互联系的，例如，遵从的价值维度与传统维度和安全维度存在正相关，但与自我导向、寻求刺激和享乐维度存在负相关。

Chang、Wong和Koh（2003）发展了新加坡籍华人价值观量表（Singapore Chinese Values Scale，SCVS）。他们发现，道德发展是一个核心的价值维度，这个维度包含了六个因子，其中一个是贞洁。最后，中国价值观调查（Chinese Value Survey，CVS）（Bond，1988）更加契合本研究的目的，因为这个量表是专门为测量中国人的价值体系而设计的，根植于儒家教义。这一量表中的数个题项都与本研究的研究目的相关，例如"具有耻感"、"维护面子"和"女性贞洁"(Matthews,2000)。

第二,基于上述价值观量表,Pan 等(1994)发展了传统关系价值观量表,此量表与本研究最为契合。Pan 等(1994)具体测量并比较了中美两国的传统价值观体系。他们对传统价值观的测量是基于中国传统文化的儒家价值观并认为这一测量方式也适用于美国社会,因为传统价值观在表达形式上具有文化相似性,尽管其文化根源并不相同。衡量测量一致性的因子分析结果也证明了这一观点,这个量表在中美调查样本中均呈现了相似的因子结构。正如前述文献中已经讨论过的,作者围绕主要的社会关系领域设计了几个不同的传统价值观量表,因为传统价值观在不同的社会关系领域表达方式是不一样的。这种操作化和具体化的测量方式实际上反过来测试和反映了个体在内心深处的抽象意义上的传统主义的程度。笔者采用他们对男女关系领域的价值观测量量表,[①] 这一量表的大多数题目都可以用于非婚状态的男女恋爱关系领域。

Pan 等(1994)进行的因子分析结果显示,他们对男女两性关系领域表现出来的传统价值观测量呈现一个二因子的结构,即关于性关系的传统价值观和关于女性地位的传统价值观。第一个因子主要包含三个测量题目,分别是关于女性贞洁、婚前怀孕以及婚前同居内容的;第二因子是关于男性相对于女性更高的地位、女性的顺从以及男女同酬内容的。Pan 等(1994)的分析结果表明,男性和女性在

---

① Pan 等(1994)的原始测量题目请参见附录。

相似的程度上内化和接受了这些传统价值观。相似比例的受访男性和女性同意男性更高的社会地位和女性贞洁的重要性。但是男性更强调女性顺从以及比女性更能接受婚前同居。

笔者虽然从这个量表中借鉴了许多,但是在最后采用的价值观测量上也做了一些修改。具体而言,笔者没有用对中国传统儒家价值观的非常直白的翻译方法,因为这种译法对于美国受访者而言几乎是很难理解的。例如,女性的贞洁,当被译为"chastity"时,其实也很难完全和儒家教义的"贞洁"的内涵对等,因为"贞洁"不仅包含婚前守贞这一点。实际上,很难发现对于"贞洁"完全准确和对等的英文翻译。同理,"三从四德"也是一样。使这些价值观表达在中美两国具有基本相似的意义内涵的方法之一就是将它们操作化为反映这些古老价值表达内在意义的具体态度。笔者使用直白的措辞来测量这些传统价值观的另一个原因是,原本的儒家价值观表达自新中国成立以来受到了严厉的批判,因此可能导致受访者产生自动的负面反应,也即,尽管受访者可能在某种程度上赞同这些价值观的内在含义,但古老的措辞本身,也可能导致其反感。最后,相对于Pan等(1994)的价值观测量更多针对的是女性,本研究采用一种较为中立的询问方式,同时适用于男性和女性,从而区分男女两性拥有这些价值观的程度差别。

除了从上述量表中借鉴测量条目,笔者还对十个中国学生进行了深度访谈,访谈是通过在线聊天的方式进行的

（访谈的文本可从笔者处获取）。访谈的目的是对我们基于文献而初步选择和撰写的条目做进一步的完善。我们想要了解当代大学生是否还拥有这些价值观以及他们用何种措辞来表达。尽管笔者相信儒家传统价值观仍然存在于当代大学生中，但这些价值观的意义也许在经历了时代变迁后，尤其是对于出生于1990年后的当代大学生来说，更有可能以某种改头换面的方式出现。从访谈结果中，笔者发现，恋爱关系中的传统价值取向仍然存在于男女大学生中。例如，一个受访的男大学生声称自己在恋爱关系中是很传统的，并且他对自己的"第一次"也是很看重的，就像看重他的伴侣的"第一次"一样。因此，尽管本研究中所测量的传统价值观与反映男性气质和女性气质的典型性别角色规范有某种关联，但笔者选择对男女两性都进行同样潜在概念维度的测量，即针对恋爱中的"贞洁"和顺从对方这种观念，他们/她们认为自己有多传统或多保守。

除此之外，从这些访谈中得到的发现也帮助笔者对量表中的措辞进行了修订。例如，原量表中的一个题目"我认为婚前性行为是令人感到羞耻的"，受访的绝大多数学生都不同意这种措辞。他们解释说，当代社会已经变得十分开放，所以即使他们自己不能接受这种行为，他们也能理解这种行为，不会将之与羞耻联系起来。因此，笔者随即修订了措辞，减少了语言中隐含的价值判断，将题目更改为"与我第一次发生性关系的对象结婚对我而言是非常重要的"。大多数声称自己是保守的学生对这种说法表示了赞同。此外，基于访谈结果，笔者删除了初始量表中关于堕胎的题目，因为大多数受访者表示他们周围很少见到这种情况，他们自己也很少想过这个问题。这种情况主要是由于受访者都是大学生，其受教育水平令他们遭遇堕胎的可能性要远远小于社会上未受过高等教育的年轻人群体。因此，当应用此量表对更一般的年轻人群体进行调查时，这个问题应该被放回量表中。

尽管笔者对男女两性都采用统一的概念进行测量，但并不意味着这些价值观对男女两性具有相同的意义。例如，珍视贞操的传统价值取向对于男女两性的潜在意义是不同的，尽管表达方式相似。从访谈结果以及笔者作为一名中国女性的体会，对于女性而言，珍视贞操不仅意味着保守或传统，而且和一个女性的整体自我价值评价和自尊相联系，因为贞操仍然是当今中国社会相当大一部分人对女性进行道德评价的一个重要指标，当违背这一标准时还会唤起女性的情感反应，如羞耻感。对于男性而言，声称自己在性关系方面是传统和保守的可能仅仅与男性的责任感和可靠性等品质相关。因此，我们预计，一方面，女性应该比男性更加传统，因为这些价值观从文化源头上就是设计来约束女性的行为的；另一方面，即使男女两性拥有相同水平的传统价值观，但这些价值观对男女两性在恋爱关系中的心理健康也会产生不同的影响。实际上，本研究的焦点确实是检视这些传统价值观内化于女性的价值体系后是如何影响她们在恋爱关系中的心理健康的，但是并不排除另一种情况，就是同样对自己有类似传统性要求的男性也会在恋爱关系中受到影响，尽管影响的路径和机制可能不一样。

总结一下，为了检验本研究的研究假设，我们在恋爱关系的背景下将相关的传统价值观进行操作化和具体化。基于上述对于价值观概念的内涵的文献回顾，以及基于对这一个概念的潜在结构的持续讨论，笔者同意，价值观是一种对个体生活非常重要的个体观念或信念。因此，在本研究中，价值观概念通过个体所感知到的恋爱关系中的两性传统价值观的重要性程度来测量。基于儒家价值观的贞洁和顺从是本研究所测量的恋爱关系中的传统价值观的两大体现。如前所述，尽管这两个价值维度几乎都是用于约束女性的要求，但在这里笔者对男女两性做同样的测量，因为男性也可能拥有这些价值观，并且他们可能不仅仅是用这些价值观来要求自己的女性伴侣，更用于要求自己，用传统取向来定义自己。因此，在最后的测量中，笔者采取了两个询问的视角，一是这些传统价值观对自己而言有多重要，二是这些传统价值观对自己的伴侣而言有多重要。

（3）恋爱关系中的传统价值观：最终测量指标与试调查的结果

用于测量非婚恋爱关系中的传统价值观的最终题目如表4-1所示。这些题目均需被访者在一个六点的李克特量表上作答，从"十分不同意（1）"到"十分同意（6）"，第一个问题的得分会被反向编码后纳入分析。在这些题目上的得分越高，表示个体在恋爱关系中越具有传统主义倾向。

表4-1 非婚恋爱关系中的传统价值观测量的最终题目

1. 对我而言，常常更换恋爱对象是没有问题的。
2. 我觉得谈恋爱次数太多不太好。
3. 我希望我的伴侣除了我之外没有其他恋爱经历或者几乎没有。
4. 与我的第一次发生性关系的对象结婚对我而言是非常重要的。
5. 如果我和我的伴侣同居了，那么同居后能顺利结婚对我而言非常重要。
6. 对我而言，婚前保持处女/处男身是十分重要的。
7. 对我而言，我的伴侣是处女/处男是十分重要的。
8. 我很在乎我的伴侣在我之前是否有过同居经历。
9. 我认为在恋爱关系中作为女朋友应该在大多数时候听从男朋友的。
10. 我认为在恋爱关系中女朋友应该对男朋友保持温柔。
11. 总体而言，我是一个传统的人。
12. 做一个传统的女性/男性是我的自我定义中非常重要的一部分。

基于对美国大学生的前期试调查和对中国大学生的深度访谈，笔者发现在恋爱关系中与贞洁相关的题目比与顺从相关的题目更为流行。无论是对于男性还是对于女性来说，都是如此，尤其是在女性中这一比例更高。对自身的贞操以及对伴侣的贞操的重视都与在恋爱关系中的个体将自己视为保守和传统的自我定义高度相关。对于与顺从相关的题目，其支持者的比例无论是在美国大学生中还是在中国大学生中都较低。这与当前提倡性别平等的主流社会趋势以及和大学生作为新兴社会文化价值观的先锋群体有关。但是，仍然有一小部分自我定义为传统的大学生，包括男女大学生，赞同女大学生应该顺从男大学生的价值观。

（4）验证性因子分析的结果与模型中最终使用的指标

上述的传统价值观测量题目经过了验证性因子分析。

最终用于验证性因子分析的中国大学生样本为520人，美国大学生样本为428人，两个样本的数据分别用来验证上述传统价值观测量所潜在的理论概念维度和结构，也用于进一步进行性别和文化对比以确认这一测量方式在男女大学生之间、中美两国之间是否具有测量一致性。

第一种设定传统价值观潜在因子结构的方式是采用四因子模型，即假定上述测量题目从理论上包含了四个维度，包括在恋爱经历、性关系、男女地位以及总体自我评价上的传统主义倾向。这个模型对中国大学生和美国大学生两个样本分别拟合的程度都较高，但是多样本结构方程模型测试的结果表明，这一四因子模型在中美大学生之间不具有测量一致性，即这一因子结构在中美大学生样本中所传达的概念内涵是不对等的。

经过模型的调试，最终确定了一个仅包含7个题目的传统价值观测量量表，即从上述最后拟定的12个题目中最终选取了7个，包括第4题、第5题、第6题、第7题、第9题、第11题、第12题。7个题目的传统价值观测量对中美大学生样本的拟合度都很高，并且通过了跨性别和文化的测量一致性检验。最后，笔者进一步设定了基于这7个题目的二级因子结构模型，这一模型仍然对中美大学生数据拟合良好。因此，最后笔者将这7个题目的平均分用于对于恋爱关系中的大学生的传统价值观测量。另外，在进一步的模型中这被用作观测变量而非潜变量。

3. 作为恋爱对象的认同承诺度和认同显著性

尽管在本研究中并没有检验认同承诺度和认同显著性

这两个变量在压力过程中可能存在的调节效应,笔者依然将它们纳入分析,目的是检验它们与传统恋爱关系中价值观的相关性,从而进一步澄清个体价值观在个体的自我系统中的中心地位,或者进一步了解传统价值观可能对心理健康产生影响的路径。针对恋爱对象认同,即作为对方的男朋友或女朋友的这种自我身份认同,我们具体测量受访者对这种身份或角色认同的承诺度和这种角色认同在个体整体的认同体系中的显著性。

首先,从两个层面测量对男女朋友身份的承诺度,包括互动性承诺度(interactive commitment)和情感性承诺度(affective commitment)(Stryker,1980;Owens and Serpe,2003)。对于互动性承诺度,通过询问受访者三个问题加以测量,包括:与伴侣一起做事情的频率,回答类型是从"从没有过(1)"到"几乎每天都有(7)";每周与伴侣一起度过的时间是多少小时;花在为伴侣买东西上的钱是多少,回答类型是从"几乎没花过(1)"到"几乎花了自己所有的钱(5)"。这一量表的内在一致性信度偏低,仅为0.54。对于情感性承诺度,通过四个问题进行测量,包括:①当不能与伴侣联系时想念对方的程度,回答类型是从"完全不(1)"到"非常(4)";②自己感觉到的与伴侣情感联结的程度,回答类型是从"完全不亲近(1)"到"非常亲近(4)";③感觉到伴侣对自己的重要性程度,回答类型是从"完全不重要(1)"到"非常重要(4)";④与伴侣一起做事后感到快乐的程度,回答类型是从"非常快乐(1)"到

"非常不快乐（4）"。这一量表的内在一致性信度为 0.66。其次，对于伴侣身份认同的显著性，我们通过三个问题进行测量。这三个问题主要是询问受访者在第一次与同学、某个异性见面时告诉对方自己伴侣的事情的可能性，回答类型是从"几乎肯定不会（1）"到"几乎肯定会（4）"，内部一致性信度为 0.69。

（二）因变量

1. 自尊（基于效能感与基于价值感）

首先，笔者采纳了来自 Cast 和 Burke（2002）所建构的基于自我价值感的自尊量表。他们整合了数个可靠的自尊测量量表来建构此量表，例如罗森伯格自尊量表（Rosenberg, 1979），Gecas 与 Schwalbe 的自尊量表（Gecas and Schwalbe, 1983），以及 Pearlin 的自我掌控量表（Pearlin et al., 1981）。最终，这一量表包含了 7 个题目，令受访者在一个四点（从"非常赞同"到"非常不赞同"）量表上评估自我价值，其内在一致性信度为 0.88。其次，笔者采纳了 Stryker 和 Burke（2010）发展的基于自我效能感的自尊量表。这一量表包含了 7 个题目，回答类型依然是从"非常赞同"到"非常不赞同"，其内在一致性信度为 0.92。

2. 抑郁

抑郁症状通过修订的 CES-D 量表（Center for Epidemiologic Studies Depression Scale; Radloff, 1977）进行测量。这一量表包含 20 个题目。修订版的区别在于采用了比原版更

长的时间框架,即询问受访者在过去一个月内的抑郁感受,而非原版询问的过去一个星期内的抑郁感受。该量表在此样本中的克朗巴哈阿尔法系数为 0.87。受访者评估他们在过去一个月内经历每一种与抑郁相关的症状的频率,回答类型是从"完全没有"到"几乎总是有"这种感觉。

3. 饮酒行为与敌对心态

本研究特地囊括了两类被认为是更为典型的男性精神病态表现的因变量,包括饮酒行为和敌对心态。罗杰斯饮酒问题指数(Rutgers Alcohol Problems Index,RAPI)(White and Labouvie,1989)用于测量饮酒行为问题,而 SCL-90 量表(Derogatis et al.,1971)中包含的 6 个题目的敌对分量表可用于测量敌对行为。采用这两类男性更常见的精神病态反应的原因,除了考虑到性别差异外,也考虑到心理健康问题表达上的文化差异。美国学生可能更倾向于通过饮酒来表达精神压力,而中国学生则可能表现为敌对行为,无论如何,在分析中采用多种对心理健康问题的测量方式,比仅仅采用单一测量维度,更有利于全面地捕捉恋爱关系中的压力产生的心理健康后果。

首先,RAPI 是一个评估青少年和成年早期的饮酒问题的自填式量表工具,包含 23 个题目,询问受访者在过去一年中由于饮酒而造成人际冲突、身心问题、学习困难等情况的频率。这一量表在本研究中的内部一致性信度高达 0.92。回答问题的选项是从"从没发生过(0)"到"多于 10 次(4)"。其次,敌对分量表评估了受访者在过去 4 周内被下列问题所烦扰的程度,例如无法自控地发脾气、急切地想打人或者砸东西、非常容易与人争论等。响应类别是从"完全没有这种感觉(0)"到"强烈感觉到这种冲动(4)"。

(三)控制变量

性别、种族、成长区域(城市或农村)、父母的受教育程度和 GPA (Grade Doint Average,平均绩点)被选定为背景控制变量。性别是一个二分虚拟变量(男性=0,女性=1);在美国,种族被分为四类,包括白人、黑人、亚洲人和其他种族。这一变量仅仅用于美国调查问卷;对于中国版问卷,我们将这个问题更换为民族,包括汉族和其他少数民族两个选项,汉族被赋值为1,少数民族作为参照类被赋值为0。生长区域变量仅仅用于对中国学生的测量,因为转型期中国社会呈现城乡二元结构,城乡之间存在经济、文化等方面的巨大差异,这种社会结构性差异会对城乡青少年的性格和其他方面产生一些已知或未知的影响,因此,控制城乡变量相当于在一定程度上控制了这些未观测的差异。事实上,这些差异可能一方面导致城乡大学生在价值观的传统主义倾向上不同,另一方面可能导致他们在心理健康上存在差异,因此是一个在中国社会背景下重要的混淆变量,需要加以控制。具体编码方式是城市编码为1,农村作为参照类编码为0。父母受教育程度以教育等级的方式测量,包括高中以下、高中毕业、大学本科及以上;父母的职业则由受访大学生自己填入。最后,GPA 通过5个等级加以测量，包括 A、B、C、D 和 D 以下。另一组控制变量则是与恋爱关系相关的，包括：是否与前任发生过性关系，发生过编码为1，参照类是没有发生过，编码为0；谈过的恋爱次数以及对伴侣的爱的程度，对于爱的程度这一变量通过 Rubin 在 1970 年发展的爱情量表来测量，这一量表后来被广泛使用，同时被证明具有较好的信度和效度。最后一个相关变量是上一段恋爱关系是如何结束的。与这些变量相关的问题以及选项都可以在附录中的调查问卷中查询。

三 分析策略：结构方程模型

结构方程模型（SEM）是本研究采用的主要数据分析方法。SEM 包含一个案例的相关统计技术，主要包括诸如路径分析、验证性因素分析等。SEM 与 OLS 多元回归具有相似的分析目的，却比 OLS 具有更多优势。例如，SEM 可以同时估计多条中介、调节路径，也可以同时设定多个因变量，一次性估计出模型参数。相比而言，OLS 回归对此种情况只能采用一次估计一个方程的路径。最重要的是，SEM 允许对测量误差的估计是使其比 OLS 回归优越的关键之一，OLS 回归假定自变量是被完美测量的，即没有误差的，而这往往是不现实的假定，通过将测量误差纳入模型进行估计，SEM 的估计结果可能比 OLS 回归更加准确（Musil, Jones, and Warner, 1998; Dilalla, 2000; Kline, 2005）。SEM 从本质上是一种验证性的而非探索性的统计技术，这意味着我们应依据理论和文献首先确立一个理论上行得通的模型设定，而多元回归技术则既可以是探索性又可以是验证性的（Kline，2005）。

首先，我们采用 SEM 方法家族的验证性因子分析（Confirmatory Factor Analysis，CFA）来检验我们所建构的两性关系传统价值观量表的建构效度，即检验量表内在的因子结构是否和我们假设的理论结构一致，同时，我们也通过多组验证性分析技术对量表的测量结果进行中美大学生的对比，检验此量表在两个国家的大学生样本之间的测量一致性（measurement invariance）（Byrne，2001）。其次，在对最后的所有分析数据进行 SEM 建模之前，我们先以探索式分析的方式进行了一系列的 OLS 回归分析，目的是初步探索哪些变量具有统计上的重要意义。最后，基于 OLS 回归分析的显著性结果以及理论考量再进一步做 SEM 建模分析，从而对理论假设进行最终的检验。

在检验恋爱关系中的心理健康可能存在的性别差异和国家文化差异时，我们同样使用了多组比较的结构方程模型。这一模型主要是从本质上检验性别和文化的调节效应。经过简化的分析模型呈现在图 4-1 中，控制变量在模型中的方向在这里先不考虑，而仅仅列出最核心的待检验的关系，通过最终的模型分析后，再将比较重要的控制变量纳入模型。详细的结构方程建模细节将会在下一章中呈现结果时进行讨论。

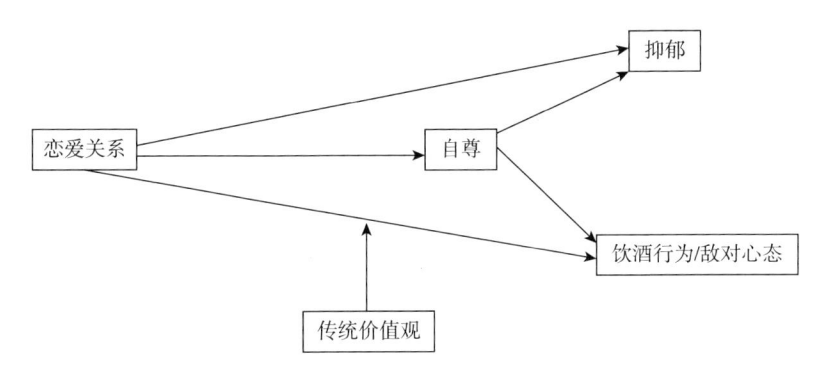

```
                    ┌──────┐
                ┌──→│ 抑郁 │
                │   └──────┘
┌────────┐     │   ┌──────┐
│恋爱关系│────→│──→│ 自尊 │──┐
└────────┘         └──────┘  │
     │      ↑                ↓
     │      │      ┌──────────────────┐
     └──────┼─────→│饮酒行为/敌对心态 │
            │      └──────────────────┘
       ┌──────────┐
       │传统价值观│
       └──────────┘
```

图4-1 主要假设中关系的简化分析模型

四 研究假设

研究假设1：在本研究所检验的传统价值观上存在性别差异和国别差异。

1a. 平均而言，在中美两国，女大学生在恋爱中的两性价值观上的传统主义倾向均比男大学生更强。

1b. 平均而言，中国大学生在价值观的传统主义倾向上强于美国大学生。

1c. 美国大学生在传统价值观上的性别差异可能小于中国大学生。

研究假设2：即核心假设，在两性关系价值观上的传统主义倾向是恋爱关系与自尊及心理健康之间的调节变量，对中美大学生而言均如此。

2a. 恋爱关系中的压力，包括关系紧张和分手，对拥有更高水平传统价值观的大学生而言，会产生更强烈的自尊伤害。

2b. 恋爱关系中的压力，包括关系紧张和分手，对拥有更高水平传统价值观的大学生而言，会对其心理健康产生更强的负面影响，这里对心理健康的负面影响表现为抑郁水平上升、饮酒行为增加和敌对心态水平提升。

2c. 两类自尊水平均与抑郁、饮酒行为和敌对心态呈负相关。

研究假设3：恋爱关系的状态对自尊与心理健康产生直接影响，自尊在恋爱关系状态和心理健康之间扮演中介变量的角色。

3a. 恋爱关系中的压力，包括关系紧张和分手，对心理健康产生直接的负面影响，这里对心理健康的负面影响表现为抑郁水平上升、饮酒行为增加和敌对心态水平提升。

3b. 恋爱关系中的压力，包括关系紧张和分手，与自尊水平降低相关。

3c. 控制自尊水平差异后，恋爱关系中的压力与心理健康之间的相关性会减弱，即自尊水平部分地中介了恋爱关系的压力对心理健康的影响。换句话说，恋爱关系中的压力通过降低自尊水平对心理健康产生负面影响。

研究假设4：性别调节恋爱关系与自尊和心理健康的关系。

4a. 恋爱关系中的压力，包括关系紧张和分手，相对于男大学生，会对女大学生产生更强烈的自尊伤害。

4b. 恋爱关系中的压力，包括关系紧张和分手，对女大学生的心理健康产生更强的负面影响，这里对心理健康的负面影响表现为抑郁水平上升，饮酒行为增加和敌对心态水平提升。

研究假设5：通过国家代表的文化差异调节恋爱关系与自尊和心理健康的关系。

5a. 恋爱关系中的压力，包括关系紧张和分手，相对于美国大学生，会对中国大学生产生更强烈的自尊伤害。

5b. 恋爱关系中的压力，包括关系紧张和分手，相对于美国大学生，对中国大学生的心理健康产生更强的负面影响，这里对心理健康的负面影响表现为抑郁水平上升、饮酒行为增加和敌对心态水平提升。

第五章 性别差异 vs. 文化差异

在本章中,笔者首先呈现来自描述性分析的结果。之后,将集中报告来自结构方程模型的多元分析结果,结果的报告将围绕模型所检验的假设顺序展开。路径分析中所涉及的协方差矩阵在附录中呈现,以便读者复制研究结果。

一 传统价值观的文化差异和性别差异

(一) 分国家和性别的描述性分析结果

对于数据分析中所使用的所有变量的描述性统计结果都呈现在表5-1中,包括人口统计学变量、与恋爱关系相关的控制变量、自变量以及因变量四类。

首先,最终分析中仅包括了对因变量具有显著影响的人口统计学变量,通过观察其基本的描述统计结果可以发现,受访的美国大学生的平均年龄比中国大学生的低,美国大学生的年龄大致在 18～21 岁，而中国大学生的年龄则在 20～22 岁；就性别组成而言，中国样本中含有 67.5% 的女性，而美国样本包含 71.7% 的女性，两个样本都过度代表了女性，这主要是由于方便抽样方式造成的。在方便抽样中，女性更倾向于选择参与调查。在民族/种族构成上也发生了相似的情况，美国样本主要由白人大学生构成（83.6%），而中国样本主要由汉族大学生构成（87.1%）；此外，美国大学生的父亲的平均受教育程度显著高于中国大学生的父亲。

对于与恋爱关系相关的控制变量，我们发现，与前任或现任是否发生过性关系以及谈过的恋爱的次数是显著的，因此，仅仅将这两个控制变量保留在最终模型中。在描述性分析中，正如我们预料的那样，美国大学生报告的婚前性行为比例比中国大学生高得多，谈恋爱的平均次数也更多。

对于主要自变量而言，描述性分析显示，在一年内分手且目前单身的美国大学生占比为 37.6%，而中国大学生的这一比例为 29.8%；就恋爱关系紧张程度而言，美国大学生报告的平均关系紧张程度要低于中国大学生；另外，正如我们所预料的，中国大学生在恋爱相关的价值观上表现出来的传统主义倾向（传统价值观）要远远强于美国大学生。对于因变量而言，美国大学生的自尊水平、自我效能感水平都比中国大学生更高，而抑郁水平更低、饮酒行为问题更严重、敌对心态更少。

此外，表 5-1 中的变量也分性别与分国家统计并呈现在表 5-2 和表 5-3 中。对于中国大学生而言，更多男生报告自己经历过婚前性行为，中国男大学生的饮酒行为也更多；对美国大学生而言也发现相似的模式，男大学生的饮酒行为更多，但是在婚前性行为方面，美国男女大学生报告的比例则相差无几。在其他变量上的性别差异则不太明显。

表 5-1 纳入模型的所有变量的描述性分析结果

变量	样本量	均值	标准差	范围
	中/美	中/美	中/美	中/美
人口学变量				
年龄	520/428	21.00/19.346	1.238/1.591	18-25/17-30
性别（女性=1）	520/428	0.675/0.717	0.469/0.451	0，1/0，1
民族/种族（汉族/白人=1）	520/428	0.871/0.836	0.335/0.370	0，1/0，1
GPA 水平	520/422	3.764/4.211	0.778/0.723	2-5/2-5
父亲受教育程度	520/428	1.946/2.605	0.898/0.769	1-4/1-4
关系类控制变量				
与前任发生性关系（是=1）	362/365	0.141/0.641	0.348/0.480	0，1/0，1
恋爱次数	520/428	1.835/2.575	1.138/1.661	1-7/1-10
与现任发生性关系（是=1）	317/235	0.297/0.868	0.457/0.339	0，1/0，1
主要自变量				
在一年内分手且目前单身（是=1）	520/428	0.298/0.376	0.458/0.485	0，1/0，1
恋爱关系紧张	361/234	1.413/1.252	0.353/0.305	1-3/1-2.8

续表

变量	样本量 中/美	均值 中/美	标准差 中/美	范围 中/美
传统价值观	520/428	4.125/2.954	0.803/0.927	1.57-6/ 1-5.57
主要因变量				
自尊	520/428	2.914/3.282	0.447/0.624	1.29-4/ 1-4
自我效能感	520/428	2.772/3.045	0.402/0.571	1.57-4/ 1.29-4
抑郁	520/428	1.908/1.859	0.365/0.516	1.05-3.20/ 1.05-3.80
饮酒行为	520/428	0.228/0.339	0.341/0.487	0-1.85/ 0-3.25
敌对心态	520/428	0.970/0.765	0.654/0.671	0-3.33/ 0-4

表5-2 纳入模型的所有变量的描述性分析结果（中国）

变量	样本量 女/男	均值 女/男	标准差 女/男	范围 女/男
人口学变量				
年龄	351/169	20.872/21.284	1.232/1.206	18-25/ 18-24
民族（汉=1）	351/169	0.846/0.923	0.361/0.267	0, 1
GPA水平	351/169	3.815/3.657	0.758/0.810	2-5
父亲受教育程度	351/169	1.966/1.905	0.887/0.921	1-4
关系类控制变量				
与前任发生性关系（是=1）	249/113	0.117/0.194	0.321/0.398	0, 1
恋爱次数	351/169	1.821/1.864	1.131/1.154	1-7
与现任发生性关系（是=1）	208/108	0.255/0.370	0.437/0.485	0, 1

续表

变量	样本量 女/男	均值 女/男	标准差 女/男	范围 女/男
主要自变量				
在一年内分手且目前单身（是=1）	351/169	0.311/0.272	0.463/0.446	0, 1
恋爱关系紧张	208/108	1.412/1.415	0.340/0.377	1-2.6/1-3
传统价值观	351/169	4.076/4.227	0.794/0.815	1.57-6/2-6
主要因变量				
自尊	351/169	2.895/2.952	0.428/0.485	1.71-4/1.29-4
自我效能感	351/169	2.745/2.828	0.382/0.435	1.57-4
抑郁	351/169	1.934/1.854	0.359/0.372	1.05-3.2/1.1-2.9
饮酒行为	351/169	0.189/0.308	0.304/0.396	0-1.65/0-1.85
敌对心态	351/169	0.981/0.947	0.647/0.669	0-3.33/0-3

表5-3 纳入模型的所有变量的描述性分析结果（美国）

变量	样本量 女/男	均值 女/男	标准差 女/男	范围 女/男
人口学变量				
年龄	307/121	19.117/19.926	1.257/2.212	17-27/18-30
种族（白人=1）	305/121	0.834/0.843	0.373/0.365	0, 1
GPA水平	303/119	4.277/4.042	0.706/0.741	2-5/3-5
父亲受教育程度	307/121	2.612/2.587	0.760/0.792	1-4
关系类控制变量				

续表

变量	样本量 女/男	均值 女/男	标准差 女/男	范围 女/男
与前任发生性关系（是=1）	263/102	0.635/0.657	0.482/0.477	0，1
恋爱次数	307/121	2.567/2.595	1.565/1.891	1-10/
与现任发生性关系（是=1）	178/53	0.860/0.925	0.348/0.267	0，1
主要自变量				
在一年内分手且目前单身（是=1）	307/121	0.349/0.446	0.477/0.499	0，1
恋爱关系紧张	180/54	1.236/1.307	0.273/0.394	1-2.4/ 1-2.8
传统价值观	307/121	2.942/2.984	0.963/0.833	1-5.43/ 1.43-5.57
主要因变量				
自尊	307/121	3.286/3.270	0.619/0.638	1-4
自我效能感	307/121	3.029/3.084	0.570/0.574	1.29-4/ 1.57-4
抑郁	307/121	1.878/1.813	0.521/0.505	1.05-3.8/ 1.05-3.35
饮酒行为	307/121	0.301/0.438	0.423/0.612	0-2.95/ 0-3.25
敌对心态	307/121	0.756/0.789	0.664/0.692	0-4/0-3

(二) 对研究假设 1 的检验[①]

在表 5-2 和表 5-3 中,我们可以看到在国家内部存在传统价值观上的性别差异。对中美两国大学生而言,与我们想象的似乎有所不同,女大学生在恋爱关系中的传统和保守倾向似乎并没有高于男大学生,对中国样本而言,男大学生甚至比女大学生更加传统 ($p=0.045$)。因此,在中美两国样本中,传统价值观的性别差异似乎是接近的,即男女大学生的传统主义倾向在中美两国内部都是接近的。但是,我们也注意到,如果不谈性别差异,而仅仅分析文化差异,则中国大学生在恋爱关系中的传统倾向比美国大学生更显著 ($p=0.000$)。

二 中国大学生分手后的抑郁状况

(一) 检验研究假设 2 的模型建构

本研究中最核心的假设是关于传统价值观的调节效应的检验,即恋爱中的传统主义倾向是否调节或改变分手经历和心理健康后果之间的关系。具体而言,对于在恋爱关

[①] 由于本研究的样本是一个方便样本而非随机样本,通过样本数据得到的 t 检验的结果不能推广到更大的对应总体,但在谨慎推广的前提下,本研究结果亦可以为回答相关研究问题提供一些启示。

系中更加传统的大学生（相对于那些不那么传统的大学生）来说，分手经历对他们的自尊、自我效能感、抑郁、饮酒行为和敌对心态的影响都更为强烈，即同样面对分手的情况，这些自我定义为保守的大学生的自尊和自我效能感损伤、抑郁水平上升、饮酒行为增加和敌对心态水平提升的程度都更高。同时，在这个过程中，自尊和自我效能感并非最终的结果变量，分手经历是通过影响这两个变量最终与抑郁、饮酒行为和敌对心态相关的，因此，这两个自我评价相关的变量实际上是作为中介变量存在的，它们部分地中介了分手经历、传统主义倾向以及二者的交互作用对三个最终结果变量（抑郁、饮酒行为和敌对心态）的影响。因此，在此模型中，传统主义倾向的调节效应也被称为有中介的调节效应（mediated moderation）。

根据这一假设中的关系所绘制的路径分析初始模型如图 5-1 所示。这一模型是基于假设绘制的模型，也被称为基于文献的模型，要在中国和美国样本数据中分别进行检验。模型中的核心路径包括：传统价值观[①]，在过去一年内是否有分手经历的虚拟变量以及二者的交互作用项，即乘积项，用这三个自变量或外生变量去预测或对所有的五个内生变量（自尊、自我效能感、抑郁、饮酒行为和敌对心态）做回归。同时，用自尊和自我效能感去预测三个最终的内生变量（抑郁、饮酒行为和敌对心态）。这一假设模型

---

① 这一变量在分析模型中进行了中心化处理，即用每个样本个体的传统主义倾向分数减去传统主义倾向的总体均值。

通过 EQS 6.0 软件进行分析拟合，拟合的参数估计方法是最大似然估计法。由于数据搜集的质量较高，缺失值非常少。笔者对仅有的几个缺失值进行了手动填充。如果个体在某量表的某个题目上缺失，则使用他/她在此量表上其他题目的均值来填充；如果在某个变量上缺失，则使用变量总体均值来填充。

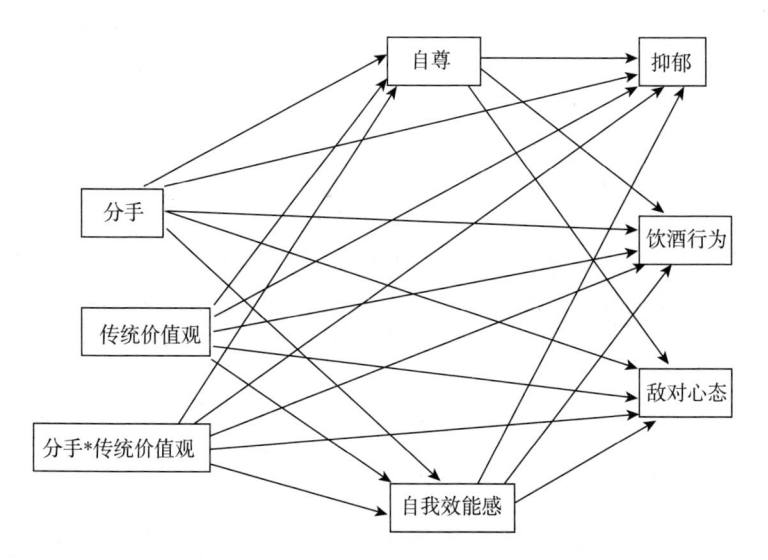

图 5-1　传统价值观与分手经历对于五个内生变量的交互作用的
初始模型（假设 2）

在对初始模型进行拟合后，在后续模型调试中则只保留那些显著的控制变量，而对于那些对任何一个内生变量都没有显著影响的控制变量则在最后的分析模型中删去。最后，那些虽然是核心假设关系但却不显著的路径也在最终模型中删去。最后得到的拟合模型在图 5-2 和图 5-3 中展示。两个模型中标注的均是标准化估计系数。同时，模型也考虑了外生变量之间可能的相关关系并在最终模型中保留了部分合理的相关关系。在模型拟合过程中还删除了个别导致多元正态性假设被违背的个案，例如，某些个案导致数据出现了高度的多元偏态性（multivariate kurtosis）。除了在模型中纳入外生变量之间合理的相关关系外，自尊和自我效能感的误差项之间的相关关系，抑郁、饮酒行为和敌对心态的误差项之间的相关关系也都被纳入模型。这一模型设定是考虑到这些变量之间很可能存在某些共享的原因变量，即某些共同的因素在影响这些变量，这些因素没有在模型中被观测，而是作为省略变量被放入了误差项当中。

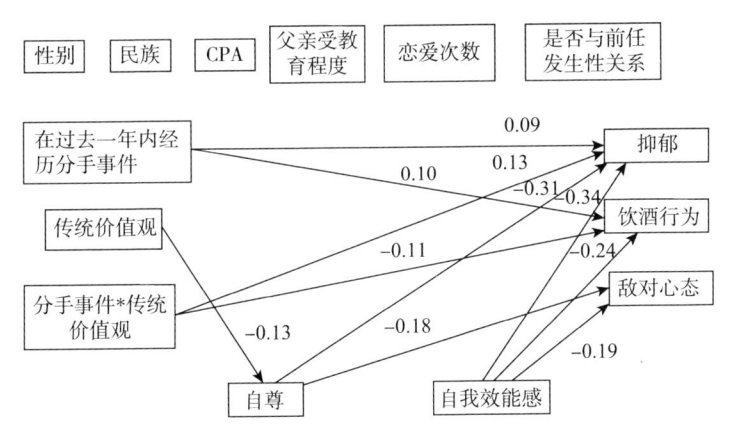

图 5-2 中国传统价值观与分手之间的交互作用模型（假设 2）

中国样本的交互作用模型最终拟合良好，拟合指标为 χ^2 (39, $N=358$) = 42.082, $p=0.339$, CFI = 0.996, RMSEA = 0.015；美国样本的交互作用模型拟合也很好，χ^2 (41, $N=359$) = 26.684, $p=0.959$, CFI = 1.000, RMSEA =

0.000。接下来,我们将首先看看第二个假设中的核心关系是否得到验证,然后再对关于控制变量的结果进行简单讨论。

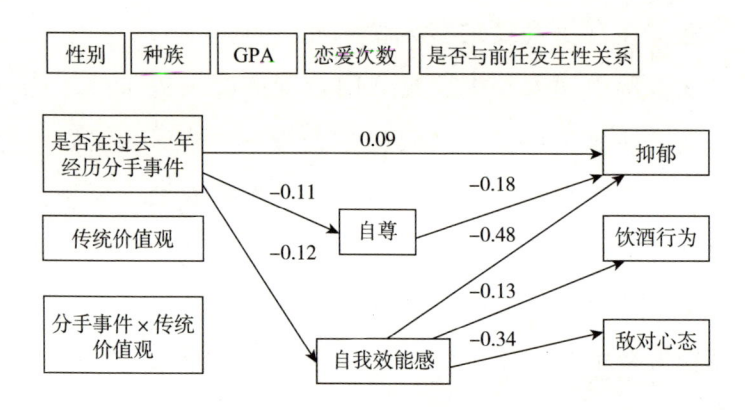

图 5-3 美国传统价值观与分手之间的交互作用模型(假设 2)

说明:尽管在美国样本中,价值观的效应和交互效应都不显著,但这两个变量项依然应该被纳入模型中,因为分手的效应此时是取决于这两个变量项的效应的,也即,在交互作用模型中,分手的效应实际上是针对传统价值观为均值的那些受访者而言的。

(二)在两个交互作用模型中关于核心假设(假设 2)的发现

上述模型中的显著性检验结果都是基于非标准化系数估计结果而得到的。[①]首先,针对自尊和自我效能感两个变量,当它们作为内生变量时,在中美两个模型中,均没有发现传统价值观的任何交互效应。但是,对于抑郁水平而

---

① 虽然模型中标注的是标准化回归系数,但是,上述路径的显著性均是基于非标准化估计系数及其标准误差而计算的,因为 EQS 软件并没有对标准化系数提供它们的校正的标准误估计。

言，我们在中国模型中发现了传统价值观的调节效应，即对于中国样本而言，恋爱中的传统主义倾向调节分手经历对抑郁水平的影响。具体而言，在过去一年内的分手经历使受访者的抑郁水平相对于没有这种经历的受访者而言高出 0.093 个单位。受访者的传统主义水平每增加一个单位，分手经历对抑郁的效应又会额外增加 0.133 个单位。换言之，对于自我定义越保守的中国大学生来说，分手对他们的抑郁水平的增强效应就会越明显。对于其他两个因变量，即饮酒行为和敌对心态而言，在中美样本数据中均没有发现传统价值观的调节效应。但是，对中国大学生而言，仅就饮酒行为这个因变量来说，传统价值观似乎对它存在另一个方向的调节作用。具体来讲，在过去一年内的分手经历令饮酒行为增加 0.101 个单位，这个效应，随着价值观传统倾向的增强而减弱，但这一效应的显著性仅仅是接近显著（$p=0.066$）。因此，看起来针对中国数据的分析结果暗示了这样一种可能，即恋爱中的传统主义倾向一方面会使分手对抑郁的负面效应更强，另一方面也可能减弱分手带来的酗酒等问题。

当一个交互项或者乘积项被纳入模型时，构成这个乘积项的两个变量元素在模型中的效应就不再是简单的主效应。此时，一个元素对因变量的效应是当另一个元素等于零时的效应（Jaccard and Turrisi, 2003）。例如，当模型中包含了分手事件与传统价值观的交互项时，分手事件对抑郁水平的效应需要被理解为当传统价值观等于零时分手事件对抑郁水平的影响力，由于传统价值观是经过中心化处理的，因此，此处的效应可以理解为针对那些传统价值观处于均值水平的个体而言，分手事件对其抑郁水平产生的影响。同样地，在这种情况下，传统价值观对抑郁水平的影响则是针对那些在过去一年没有经历过分手事件的受访者而言的。所以，在我们呈现的模型结果中，对于那些传统价值观处于均值水平的中国大学生而言，过去一年内的分手经历使他们的抑郁水平增加 0.093 个单位，使他们的饮酒行为增加 0.101 个单位；而对于过去一年内没有经历过分手的大学生而言，传统价值观对他们的抑郁、饮酒行为和敌对心态的影响都是不显著且微乎其微的。对于美国大学生而言，虽然传统价值观和分手事件之间对任何一个内生变量均没有显著的交互效应，但在过去一年内的分手经历（当传统价值观等于均值时）被发现显著地降低了自尊和自我效能感，分别降低了 0.114 个和 0.124 个单位，并使抑郁水平提高了 0.089 个单位。对于分手事件和传统价值观的简单主效应，将在接下来不包括交互项的主效应模型中呈现。

对于自尊和自我效能感的作用，来自中国大学生样本的分析结果支持了自尊和自我效能感与抑郁水平以及敌对心态水平都呈负相关的假设。其中，自尊和自我效能感与抑郁水平的相关系数分别为 -0.307 和 -0.344；它们与敌对心态水平的相关系数分别为 -0.176 和 -0.188。对于饮酒行为而言，只有自我效能感与其呈负相关（-0.243）。此外，对于一年内经历过分手事件的受访者，传统价值观显著地降低了他们的自尊水平，降低了0.125个单位，这表明传统价值观通过影响自尊水平从而增加抑郁水平的中介效应的存在。关于这个可能的中介效应将在后续的不包括交互项的主效应模型中正式检验。

对于美国大学生而言，自尊和自我效能感均与抑郁水平呈负相关（$\beta = -0.176$，$\beta = -0.477$），自我效能感还与饮酒行为（$\beta = -0.134$）和敌对心态（$\beta = -0.343$）呈负相关。同时，在交互作用模型中，由于分手事件对自尊和自我效能感产生显著的负作用，因此分手事件对抑郁水平的影响部分地经由这两个自我概念成分来传导，这一中介效应将在下面的主效应模型中正式检验。

基于以上关于核心假设关系的发现，我们可以初步得出结论：对于中国大学生样本而言，传统价值观对分手事件和抑郁之间的相关关系呈现显著的调节效应。同时，这一调节效应是直接对抑郁水平产生作用的，不经由自尊和自我效能感所传导。也就是说，假设中的有中介的调节效应并没有得到支持。但是，自尊和自我效能感对三个最终的外生变量都有显著的直接效应。相对地，对于美国大学生而言，传统价值观对分手事件和五个外生变量中的任意一个的相关关系都不存在调节效应。因此，我们的核心假设中关于传统价值观的调节效应仅仅在中国大学生样本中被支持，而且也仅仅在抑郁这个因变量上被支持。

（三）关于控制变量的结果

除了上述关于核心假设的研究结果，交互作用模型中也有一些关于控制变量的显著结果值得进一步讨论。对中国大学生样本而言，首先，性别对抑郁水平、饮酒行为和敌对心态具有直接或间接的显著效应。具体而言，中国女大学生的自尊和自我效能感显著低于男大学生，因此其抑郁水平间接上升，这个显著的间接效应为0.08。对于饮酒行为而言，性别通过自我效能感对饮酒行为产生显著的间接效应（0.032），另外，性别也对饮酒行为具有显著的直接效应，而且这个直接效应与间接效应方向相反，且效应更强（$\beta = -0.197$），因此，性别对饮酒行为的总效应为二者之和（-0.165）。也就是说，尽管自我效能感降低可能会增加女大学生的饮酒行为，但由于其他未在模型中言明的因素，总体而言，女大学生的饮酒行为要远少于男大学生，因此，直接效应与间接效应相加后，女大学生的饮酒行为依然是远少于男大学生的。就敌对心态这个因变量而言，也发现了类似于饮酒行为的情形。尽管女生由于其更低的自尊和自我效能感水平而间接导致更高的敌对心态水平，即间接效应为0.045，但是性别对敌对心态的总效应为-0.062（不显著），这是因为性别对敌对心态具有一个更大的方向相反的直接效应（$\beta = -0.107$）。这说明，总体而言，男大学生和女大学生在敌对心态水平上并没有显著区别。

首先，对于美国大学生样本而言，性别对最终外生变量并没有经过自尊和自我效能感的中介效应，当其他变量不变时，在抑郁的性别差异上仅存在直接效应（$\beta = 0.083$），即女大学生比男大学生的抑郁水平高出0.083个单位；对于饮酒行为而言，女大学生的饮酒行为通常显著少于男大学生。因此，对于美国女大学生而言，相比于美国男大学生，其抑郁水平通常更高，饮酒频率更低，但在敌对心态水平上没有显著的性别差异。

其次，对于中国大学生样本而言，GPA 似乎是一个很重要的影响因素。具体而言，GPA 与自尊和自我效能感均表现出显著正相关（$\beta = 0.143$；$\beta = 0.103$），并因此进一步降低了抑郁、饮酒行为和敌对心态水平，其分别的间接效应为 -0.079、-0.025 和 -0.045。此外，GPA 也直接地减少了饮酒行为（$\beta = -0.116$），降低了敌对心态水平（$\beta = -0.114$）。但是对美国大学生而言，GPA 仅仅对饮酒行为有直接效应。GPA 越高，则饮酒行为越少（$\beta = -0.165$）。

再次，在基于中国样本的分析结果中，父亲受教育水平作为家庭社会经济地位的重要指标之一，对抑郁水平具有显著的直接降低效应（$\beta = -0.094$），同时，也通过影响大学生的自尊和自我效能感间接地降低抑郁水平。具体而言，父亲受教育水平越高，大学生的抑郁水平越低，或者，父亲受教育水平越高，大学生的自尊和自我效能感越高，抑郁水平越低。对于美国大学生而言，父亲受教育水平没有任何显著效应。

同时，我们也发现，对于中国大学生而言，民族也显示出重要的影响。汉族的学生相对于少数民族的学生，饮酒行为和敌对心态水平显著更低（$\beta = -0.129$，$\beta = -0.155$）；对于美国大学生而言，种族也对抑郁水平和敌对心态水平有显著影响。白人大学生的抑郁和敌对心态水平都显著低于其他种族的学生($\beta = -0.089, \beta = -0.236$)。

最后,与前任发生过性关系对中美两国大学生的心理健康都具有显著影响,具体而言,这种经历会显著提升他们的抑郁、饮酒行为和敌对心态水平(中国:0.160,0.104,0.156;美国:0.093,0.129,0.079)。

图5-3中的针对美国大学生的交互效应模型与图5-6中的主效应模型具有十分相似的直接效应和间接效应,图5-5中针对中国样本的主效应模型则不存在显著的间接效应,因此,在这里仅仅汇总展示中国的交互效应模型以及美国的主效应模型中存在的直接效应和间接效应分解(见表5-4、表5-5)。

表5-4 图5-2中国样本的交互作用模型结果中涉及的直接效应和间接效应

路径关系	总效应	间接效应	直接效应
性别→抑郁	0.080	0.080(经由自尊与自我效能感)	—
GPA→抑郁	-0.079	-0.079(经由自尊与自我效能感)	—
父亲受教育程度→抑郁	-0.174	-0.080(经由自尊与自我效能感)	-0.094
传统价值观→抑郁(未经历分手事件的个体)	0.032(N.S.)	0.038(经由自尊)	-0.007(N.S.)
性别→饮酒行为	-0.165	0.032(经由自我效能感)	-0.197
GPA→饮酒行为	-0.141	-0.025(经由自我效能感)($p=0.68$)	-0.116

续表

路径关系	总效应	间接效应	直接效应
父亲受教育程度→饮酒行为	-0.034	-0.034（经由自我效能感）	—
性别→敌对心态	-0.062（N.S.）	0.045（经由自尊与自我效能感）	-0.107
GPA→敌对心态	-0.158	-0.045（经由自尊与自我效能感）	-0.114
父亲受教育程度→敌对心态	-0.045	—	-0.045
传统价值观→敌对心态（未经历分手事件的个体）	0.022	0.022（经由自尊）（$p=0.061$）	—

注：除了标注为 N.S. 的效应为不显著的效应外，其他未标注的均为显著的效应（$p<0.05$）；$0.05<p<0.1$ 的效应为接近显著。

表 5-5　图 5-6 美国样本的主效应模型涉及的直接效应和间接效应

路径关系	总效应	间接效应	直接效应
分手→抑郁	0.171	0.079（经由自尊与自我效能感）	0.092
分手→饮酒行为	0.017	0.017（经由自我效能感）（$p=0.073$）	—
分手→敌对心态	0.043	0.043（经由自我效能感）	—

注：除了标注为 N.S. 的效应为不显著的效应外，其他未标注的均为显著的效应（$p<0.05$）；$0.05<p<0.1$ 的效应为接近显著。

三 分手对中美大学生心理健康的影响

除了分手事件与传统价值观的交互效应，还可能存在分手和传统价值观对抑郁、饮酒行为和敌对心态三个因变量的直接的简单主效应，这一直接效应可能经由自尊和自我效能感发生中介作用，这一中介效应和前述的具有中介的调节效应是不同的。根据这一假设，我们将传统价值观和分手事件与五个内生变量的关系的概念模型呈现在图 5-4 中。

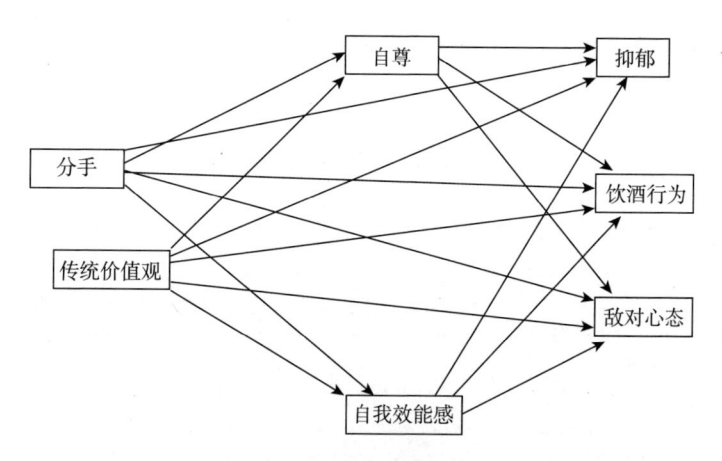

图 5-4 传统价值观和分手经历对五个内生变量的
主效应初始理论模型（假设3）

具体而言，我们在模型中检验传统价值观和过去一年内的分手经历对五个内生变量（自尊、自我效能感、抑郁、饮酒行为和敌对心态）的无条件的简单主效应，即不包括

第五章 性别差异 vs. 文化差异

传统价值观和分手经历的交互项,并进一步检验自尊和自我效能感的中介效应。通过逐步的模型删减,最终确立的中国样本的模型呈现在图5-5中,美国样本的模型呈现在图5-6中,并同样地在图中标注标准化估计系数。对于中国样本的主效应模型而言,最终的拟合指数为:χ^2(44, $N = 360$) $= 48.117$, $p = 0.309$, CFI $= 0.994$, RMSEA $= 0.016$;对于美国模型而言,最终模型的拟合指数为:χ^2(35, $N = 362$) $= 26.604$, $p = 0.845$, CFI $= 1.000$, RMSEA $= 0.000$。

接下来,我们将首先讨论上述模型检验的核心关系,也就是分手和传统价值观对三个最终因变量的直接效应以及它们是否通过影响自尊和自我效能感产生间接效应。然后将继续讨论主效应模型中控制变量和外生变量的重要关系。先陈述中国样本的结果,然后陈述美国样本对应的结果。在这里,主效应模型中的一些结果与之前的交互作用模型的某些结果必然会发生重合,这是不可避免的,对于这些重复的发现,笔者只是简要提及而不再深入讨论。

针对传统价值观和分手事件两个变量的主效应,首先,对中国大学生而言,在控制分手状态与其他变量的情况下,传统价值观与抑郁呈正相关($\beta = 0.085$)。分手事件的主效应对抑郁是显著的($\beta = 0.093$),即分手提升抑郁水平。但是,无论是价值观还是分手事件,对其他内生变量的影响,包括自尊、自我效能感、饮酒行为和敌对心态都是不显著的。其中,传统价值观对自尊的直接效应接近显著($\beta = -0.076$, $p = 0.088$)。基于价值观对自尊的理论重要性,笔者仍然将这一路径保留在模型中。同时,传统价值观经由自尊对抑郁和敌对心态的间接影响都是不显著的。总结起来,尽管自尊和自我效能感对抑郁、饮酒行为和敌对心态都具有显著的直接主效应,但自尊和自我效能感并不是外生变量,即不是分手事件和传统价值观对抑郁、饮酒行为和敌对心态三个内生变量产生作用的中介变量,自尊和自我效能感的中介效应在中国样本中没有被发现,传统价值观和分手事件对抑郁的主效应是通过直接效应的方式产生的。

对美国大学生而言,仅有分手事件对自尊、自我效能感以及抑郁水平产生显著的直接效应,传统价值观的直接效应不显著。具体而言,过去一年内的分手经历显著降低了美国大学生的自尊($\beta = -0.119$)和自我效能感($\beta = -0.123$),并提升了抑郁水平($\beta = 0.092$)。同时,自尊和自我效能感对三个外生变量(抑郁、饮酒行为和敌对心态)也具有显著的影响,其中,自尊和自我效能感与抑郁呈负相关,而自我效能感与饮酒行为和敌对心态呈负相关。因此,分手事件对抑郁既有显著的直接效应($\beta = 0.092$),也通过影响自尊和自我效能感对抑郁产生显著的间接效应($\beta = 0.079$)。也就是说,对美国大学生而言,在过去一年内经历分手事件一方面直接提升抑郁水平,另一方面也降低自尊和自我效能感,进而间接提升抑郁水平。最后,分手事件对饮酒行为和敌对心态的影响都是间接的而非直接的。分手事件通过降低自我效能感间接地增加了饮酒行为,提升了敌对心态水平。对饮酒行为而言,间接效应为 0.017;

对敌对心态而言，间接效应为 0.042。对于主效应模型而言，其中的控制变量与结果变量的关系与交互作用模型中的结果基本一致，因此在这里不再讨论。

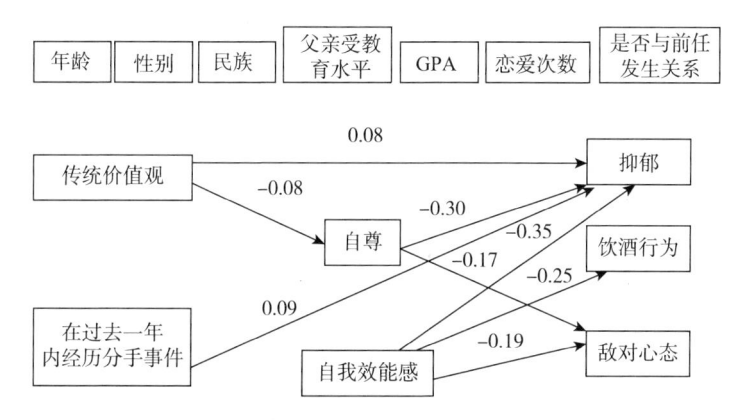

图 5-5　中国传统价值观和分手事件的主效应模型（假设 3）

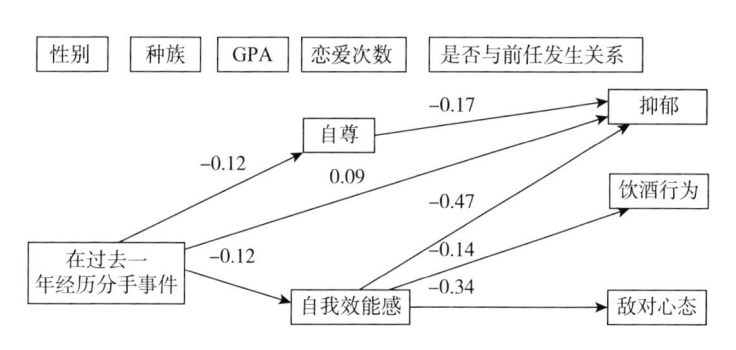

图 5-6　美国传统价值观和分手事件的主效应模型（假设 3）

此外，我们将上述四个模型中的分手事件变量替换为恋爱关系的紧张程度，因为笔者认为恋爱关系紧张，例如吵架的次数多等，也是恋爱关系中的一个压力来源，可能对心理健康具有相应的影响。需要注意的是，在这一轮的模型检验中，笔者只选择了目前正处于恋爱关系中的个体样本进行分析，因为只有针对他们才能计算恋爱关系紧张这个变量。首先，在交互作用模型中，笔者检验了关系紧张与传统价值观的交互作用对心理健康结果的影响。对中国样本和美国样本的检验都没有发现显著的调节效应，即传统价值观对关系紧张和心理健康的相关关系不具有调节效应。但是，在包含关系紧张和传统价值观的主效应模型中，本研究发现，关系紧张对自尊、自我效能感、抑郁、饮酒行为和敌对心态都有显著效应。关系紧张程度越高，抑郁、饮酒行为和敌对心态水平越高，而自尊和自我效能感水平越低。同时，由于在涉及关系紧张的交互作用模型和主效应模型中，均未发现传统价值观的任何显著效应，因此，对这部分内容不再详细讨论。在这部分的分析中，最核心的发现是关系紧张具有显著的负面的心理健康效应。

最后，依然是针对调查中仍处于恋爱关系中的样本，本研究对传统价值观、恋爱对象认同承诺（包括交互性和情感性承诺）和认同显著性三个变量之间的相关关系进行了检验。本研究发现，对中美大学生而言，传统价值观与认同承诺中的情感性成分显著相关，即一个大学生将自己定义为越传统，则他/她对自身所处的恋爱关系角色的情感承诺度就越高。这一结果为传统价值观在压力过程中扮演的角色提供了进一步支持，因为这一结果说明，传统价值观可能是通过影响人们投入恋爱关系中的情感程度来影响其对于关系中的负面压力的评价和心理健康结果的。同时，对于过去一年经历过分手的中国大学生而言，本研究发现，他们所感受到的对前任男友/女友的爱的程度（通过 Robin 的 love 量表进行测量）是传统价值观和抑郁的中介变量。这表明，越是传统的大学生越倾向于在分手后对他/她们的前任保留更多的爱的情感因而变得更加抑郁。这些补充的分析帮助我们更好地理解了传统价值观在压力过程中发挥作用的内在心理机制。我们可以发现，价值观对于情感因素的影响可能是价值观影响个体意义建构的关键机制之一。

四 分手对男女大学生心理健康的影响

第四个假设聚焦于检验分手经历与心理健康结果的关系中存在的性别模式。本研究通过分开检验男女大学生群体中分手对心理健康的影响并比较影响的性别差异来检验这一假设。同时，本研究提出，在传统价值观上的性别差异可能是解释分手的心理健康影响的性别差异的原因之一，即可能是男女大学生在恋爱关系中的传统主义倾向的差异导致了男女大学生在经历分手后产生不同程度的心理和情绪反应。如果再进一步深究则可以发现，除了男女大学生在恋爱关系中的传统主义倾向的差异以外，即使是拥有相似程度的传统主义倾向的男大学生和女大学生，这种传统性对他们的影响程度也可能不同，因为传统主义倾向的量化分数相似并不代表这种价值观对男女大学生具有相同的个人意义，即在相似的量之下可能潜藏的是不同的质。从统计模型角度来看，性别可能在不同程度上调节了上述交互作用模型和主效应模型中所呈现的显著关系。因此，对于上述交互作用模型和主效应模型，本研究不再用中国和美国的总体样本来进行分析，而是分性别进行拟合，并从理论上假定两类模型中的关系可能在男女样本之间存在差异，在中美皆如此。但是，因为本研究样本来自方便抽样，所以笔者并不认为所有可能的性别差异模式都能被发现。接下来，笔者会首先讨论在交互作用模型中发现的性别差异，然后论述主效应模型中发现的性别差异，先讲中国样本的结果，再讲美国样本的结果。

交互作用模型的核心关系包括分手事件、传统价值观以及二者的交互项对于自尊、自我效能感、抑郁、饮酒行为和敌对心态的效应，另外，还包括自尊和自我效能感对抑郁、饮酒行为和敌对心态的效应，总计包括21个核心模型参数。当模型分别对男大学生和女大学生进行拟合时，则需要分别比较这21个参数对男大学生和女大学生是否一致，即在男大学生模型和女大学生模型中是否具有对等性。主效应模型包括的核心关系有，分手经历和传统价值观对自尊、自我效能感、抑郁、饮酒行为和敌对心态的直接效应，以及自尊和自我效能感对抑郁、饮酒行为和敌对心态的直接效应，总计包括16个核心模型参数。同样地，这16个核心模型参数将在男女大学生两个样本拟合的模型中进行一致性比较。

上述两个模型的男女大学生样本比较是通过多样本结构方程模型的方法进行的。具体而言，首先，将中国样本分为男女大学生两个样本，接着不管是对交互作用模型还是对主效应模型，我们都首先对男大学生和女大学生样本同时拟合模型，不施加任何参数相等的条件约束。然后，再一次运行交互作用模型或者主效应模型，但这一次会对男女大学生两个样本中的参数施加对等性约束，即约束模型参数在男女大学生两个模型中相等。由此，会得到非约束模型和约束模型的卡方值并进行比较。软件同时会给出每一条约束的路径（约束为相等的每一个模型参数），其所导致的增加的卡方值是多少，这个增加的卡方值则用于决定在这条路径上的模型约束是否被接受。在 EQS 软件中，这个部分的结果通过卡方值的单变量增加值（Univariate Increment of χ^2 value）来查看，同时输出的结果还包括此卡方增量对应的 p 值，这部分结果在 EQS 的 LM 检验结果中报告。当某个单变量卡方值对应的 p 值小于 0.05 时，其所对应的路径参数约束是无法成立的，即在男女大学生模型之间，这条路径或者这个关系是不对等的，不具有性别一致性，因为这一条路径约束使得模型的卡方值相对于完全无约束模型而言变得显著更大（或显著更差），因此，此路径系数上男女大学生一致的假定无法被接受，相反应该接受在此路径上男女大学生不等的假设或无约束模型更优的假设。本研究对中美两国大学生都做了如上的检验。

第一，针对交互作用模型中所有的核心关系路径，本研究运用多样本结构方程模型的比较程序对中国男女大学生以及美国男女大学生进行了国家样本内部的性别差异比较。值得注意的是，鉴于此处比较的目标是发现组别差异。这与多样本 SEM 最经常被应用于发现组间对等性不同。此处，男大学生和女大学生的基准模型必须包括所有核心路径，尽管其中一些并不显著。相比而言，如果目标是检验跨组对等或一致性，则通常会先修建基准模型直到获取最好的拟合指标，然后对一个组中剩下的显著的路径关系在另一个组中进行交叉验证。在我们当前的基准模型中，尽管包含了一些不显著的路径，但是模型的拟合度依然是足够好的，因此男女大学生两个基准模型可以在第一步无约束模型估计中提供一个足够好的联合的基准卡方值，用来和接下来生成的约束模型中的卡方值进行比较。接下来的讨论将会聚焦于这些多组结构方程模型比较的结果，同时，也会简要提及在无约束模型参数估计中出现的一些有启示意义的结果。

对于中国大学生样本，本研究对交互作用模型中的 21 条路径都进行了跨性别比较。结果显示，传统价值观对所有五个内生变量（自尊、自我效能感、抑郁、饮酒行为和敌对心态）的交互效应在男大学生和女大学生样本间并没有显著差异。在中国的整体样本数据中发现的传统价值观对抑郁的显著交互效应在中国女大学生和男大学生样本中也分别被发现，并且效应并没有显著差异（女大学生：$\beta =$

0.115；男大学生：β = 0.147，两个系数均是接近显著）。在抑郁以外的其他结果变量上，男大学生和女大学生一样都不存在显著的交互效应。

此外，对于两个构成交互项的元素变量，即经过中心化处理的传统价值观和在过去一年经历分手两个变量，它们对五个外生变量的主效应（在约束模型中的10条路径关系），经过多组结构方程模型比较，结果显示，只有传统价值观对抑郁的主效应在中国男女大学生样本间存在显著的性别差异（$\Delta\chi^2$（1）= 5.425，p = 0.020）。查看无约束模型中对这条路径分别就男女大学生样本估计的系数（都不显著），结果显示出传统价值观提升女大学生的抑郁水平但是降低男大学生的抑郁水平。对于其他9条关系路径，本研究没有发现显著的性别差异。再一次需要注意的是，由于这里的传统价值观是交互作用模型中构成交互项的其中一个元素，因此，这里的主效应是针对构成交互项的另一元素为零时的效应，是针对那些在过去一年内没有分手经历的大学生而言的。

但是，从对男大学生和女大学生的单独估计的模型结果（无约束的模型估计结果）来看，依然可以发现一些启示。首先，传统价值观（当分手事件的取值为零时，即针对没有此经历的样本而言）显著地降低中国女大学生的自尊水平（β = -0.156），但对中国男大学生的自尊没有显著影响。其次，在过去一年经历过分手（当价值观取均值时）对抑郁和饮酒行为均具有显著效应（β = 0.123，β = 0.128），但这一显著效应只在女大学生样本中被发现，对男大学生并不显著。但是，多组比较的卡方差异检验结果显示，在这些路径上均没有统计意义上显著的性别差异。最后，在自尊、自我效能感对抑郁、饮酒行为和敌对心态的效应上，通过对涉及的6个参数的统计比较，中国女大学生和中国男大学生也没有显著的差异。

对美国大学生而言，本研究在美国整体样本中没有发现传统价值观与分手事件的交互作用对抑郁、饮酒行为或敌对心态具有显著的影响，进一步对男女大学生样本分别估计此效应时也得到同样的结果。但是，当把自尊和自我效能感作为因变量时，交互项对男大学生样本显示了显著效应，但在女大学生样本中不显著。通过卡方差异检验发现，交互项对自尊的效应存在显著的性别差异（$\Delta\chi^2(1) = 4.444, p = 0.035$）。结果显示，尽管分手事件会降低美国男大学生的自尊和自我效能感水平，但是对于更加传统和保守的美国男大学生而言，这种伤害会减轻。换句话讲，传统价值观在分手与自尊和自我效能感的关系上具有缓冲（buffering）效应，但仅对美国男大学生具有这种保护作用，对女大学生则没有。

就交互项的两个元素对五个因变量的效应而言，即跨性别比较10条路径关系，在美国大学生中没有发现显著的性别差异。从对这些参数在无约束模型中分性别估计的结果来看，过去一年内的分手经历（当传统价值观取均值时）仅仅显著地降低美国女大学生的自尊、自我效能感水平，因此，间接地提升了她们的抑郁水平，但是对美国男大学生没有显著影响。交互项的另一个构成元素——传统价值观，则仅仅对男大学生的自尊和自我效能感具有显著效应（当分手事件为零时，即针对未经历分手事件的学生而言），但是针对这些性别差异的卡方差异检验均不显著。

最后，对美国大学生而言，在自尊和自我效能感对三个最终因变量（抑郁、饮酒行为和敌对心态）的效应上，我们发现，自尊和抑郁的相关关系存在接近显著的性别差异（$\Delta\chi^2(1)=6.332$，$p=0.012$），在自我效能感和饮酒行为的关系上也存在显著的性别差异（$\Delta\chi^2(1)=9.378$，$p=0.002$）。自尊似乎仅仅与男大学生的抑郁水平呈负相关，自我效能感似乎也仅仅显著减少了男大学生的饮酒行为。

第二，本研究采用同样的多组比较结构方程模型方法，对没有包含分手和传统价值观的交互项的主效应模型进行跨性别的比较。这一比较在中美大学生样本内部进行，即对中国男大学生和中国女大学生、美国男大学生和美国女大学生进行比较。

对中国大学生而言，传统价值观的主效应似乎具有显著的性别差异。具体而言，首先，传统价值观仅仅显著地提升了中国女大学生的抑郁水平，但对男大学生的抑郁水平没有显著效应，卡方差异检验也显示，这种性别差异是显著的（$\Delta\chi^2(1)=5.248$，$p=0.022$）。同时，来自无约束模型的估计结果显示，传统价值观仅仅显著地减少了中国女大学生的饮酒行为，但是对男大学生几乎没有影响。多组比较的卡方差异检验结果显示,这种性别差异并不具有统计显著性。

在分手对五个心理健康指标的主效应上没有发现显著的性别差异。但是,对中国女大学生和中国男大学生的无约束模型估计结果显示,过去一年内的分手经历仅仅显著地提升了中国女大学生的抑郁水平,增加了她们的饮酒行为,但是对中国男大学生的任何一个心理健康指标都没有显著影响,只是这种分别估计时显示出来的性别差异并没有通过卡方差异显著性检验,即这种差异在统计意义上不显著。

对美国大学生而言,在分手事件和传统价值观对五个外生变量的直接效应上,没有发现显著的性别差异。但是,从男大学生和女大学生同时估计的无约束模型结果来看,传统价值观似乎仅仅显著地减少了美国女大学生的饮酒行为,并仅仅显著地提升了男大学生的敌对心态水平;过去一年内的分手经历仅仅显著地降低了美国女大学生的自尊和自我效能感。

在自尊和自我效能感对三个最终外生变量的影响上,无论是中国还是美国大学生样本的检验结果,均显示与上述交互作用模型中的结论一致。

总结起来,对于中国大学生而言,分手事件似乎显著地提升了男女大学生的抑郁水平,同时,还增加了女大学生的饮酒行为。但是,在分手事件与任一心理健康测量指标的关系上均没有发现显著的性别差异。对于美国大学生而言，分手事件对男大学生和女大学生心理健康的影响也是相当的。因此，我们所假设的女大学生在经历分手后会比男大学生更抑郁在统计数据上没有得到支持。但是，在对男女大学生样本的模型进行全方位比较的基础上，本研究也发现女大学生尤其是中国女大学生在恋爱关系中处于劣势地位的一些支持性证据。

五 分手对中美大学生抑郁状况的影响

最后一个假设是为了检验分手事件和心理健康结果之间的关系是否存在文化差异，即是否存在中美差异。同时，本研究也期望发现在恋爱关系中的价值观在传统倾向上存在中美差异，以此来解释分手与心理健康相关性上的中美差异。但是，正如之前所假设的性别模式一样，在本研究所使用的方便样本中，要发现这样的文化差异是很困难的，这不仅是因为样本量小且非随机，而且因为大学生样本也很难代表更大的总体。因此，在对这个假设进行检验时，本研究仅仅是针对上述交互作用模型和主效应模型中的所有关键路径进行跨国的多样化对比，尝试性地探索是否存在文化差异。

首先，本研究针对交互效应模型中所有的关键路径进行中美对比以判断这些路径关系在中美两个大学生样本里是否具有对等性。同样地，在这里我们采用多样本结构方程模型的方法来比较交互作用模型中的核心关系是否具有文化差异。结果显示，在21个核心路径关系中，价值观对自尊的影响路径（当分手事件虚拟变量为零时，即就过去一年未经历分手事件的样本而言）在中美两国大学生样本之间具有显著差异（$\Delta\chi^2(1)=6.538$, $p=0.011$）。在未对两国模型进行关系对等性约束的模型估计结果中，本研究发现恋爱中的价值观传统主义倾向仅仅显著降低了中国大学生的自尊不平但对美国大学生的自尊水平没有显著影响，因此，这一影响路径被发现在两国大学生样本中具有显著差异，并不能对等；在对主效应模型进行国别比较时也发现了这一差异，即传统价值观对自尊的效应存在显著的文化差异（$\Delta\chi^2(1)=5.984$, $p=0.014$）（见表5-6）。此外，传统价值观与分手事件对抑郁水平的交互作用存在接近显著的文化差异（$\Delta\chi^2(1)=3.042$, $p=0.081$），显示传统价值观可能更为显著地加剧中国大学生分手后的抑郁反应。

其次，结合性别与国别，我们进一步比较了中国女大学生与美国女大学生、中国女大学生与美国男大学生、中国男大学生与美国男大学生以及中国男大学生与美国女大学生四个组别的差异情况。首先，就交互作用模型来看，中国女大学生和美国女大学生在三个路径上均存在显著差异，三个路径为：传统价值观与自尊的关系路径（$\Delta\chi^2(1)=5.088$, $p=0.024$）、传统价值观与抑郁的关系路径（$\Delta\chi^2(1)=4.040$, $p=0.044$）以及自我效能感与饮酒行为的关系路径

($\Delta\chi^2$ (1) = 6.533, p = 0.010)（见表5-6）。就这些路径的关系方向来看，传统价值观仅仅显著地降低了中国女大学生的自尊，提升了其抑郁水平，而自我效能感也仅仅显著地减少了中国女大学生的饮酒行为。在其他几组对比中均没有发现任何显著的差异。

最后，就主效应模型而言，对比结果与基于交互作用模型的对比结果基本一致，即本研究也发现中国女大学生和美国女大学生在上述三条关系路径上存在显著差异。这一结果进一步验证了传统价值观仅仅对于中国女大学生的自尊和抑郁水平产生显著的负效应。此外，本研究还发现，中国女大学生和美国男大学生在传统价值观与敌对心态的关系上存在显著差异，传统价值观似乎显著地减少了美国男大学生的敌对心态，但对于中国女大学生的敌对心态影响微弱。

总结起来，本研究并没有发现在分手事件和各个心理健康指标的相关性上存在显著的文化差异。中国大学生在经历分手后也并没有比美国大学生更加抑郁。但是，本研究的确发现一些证据表明，传统价值观对两国大学生的影响程度存在差异。我们将在下一章中进一步讨论这个发现的意义。

表5-6 对具有显著组别（含性别和国别）差异的路径关系的总结

模型	比较的组	路径关系	卡方值 ($\Delta\chi^2$ (1), p)
交互效应模型	中国女大学生 vs. 中国男大学生	价值观→抑郁（分手与否=0）	$\Delta\chi^2$ (1) = 5.425, p = 0.020

续表

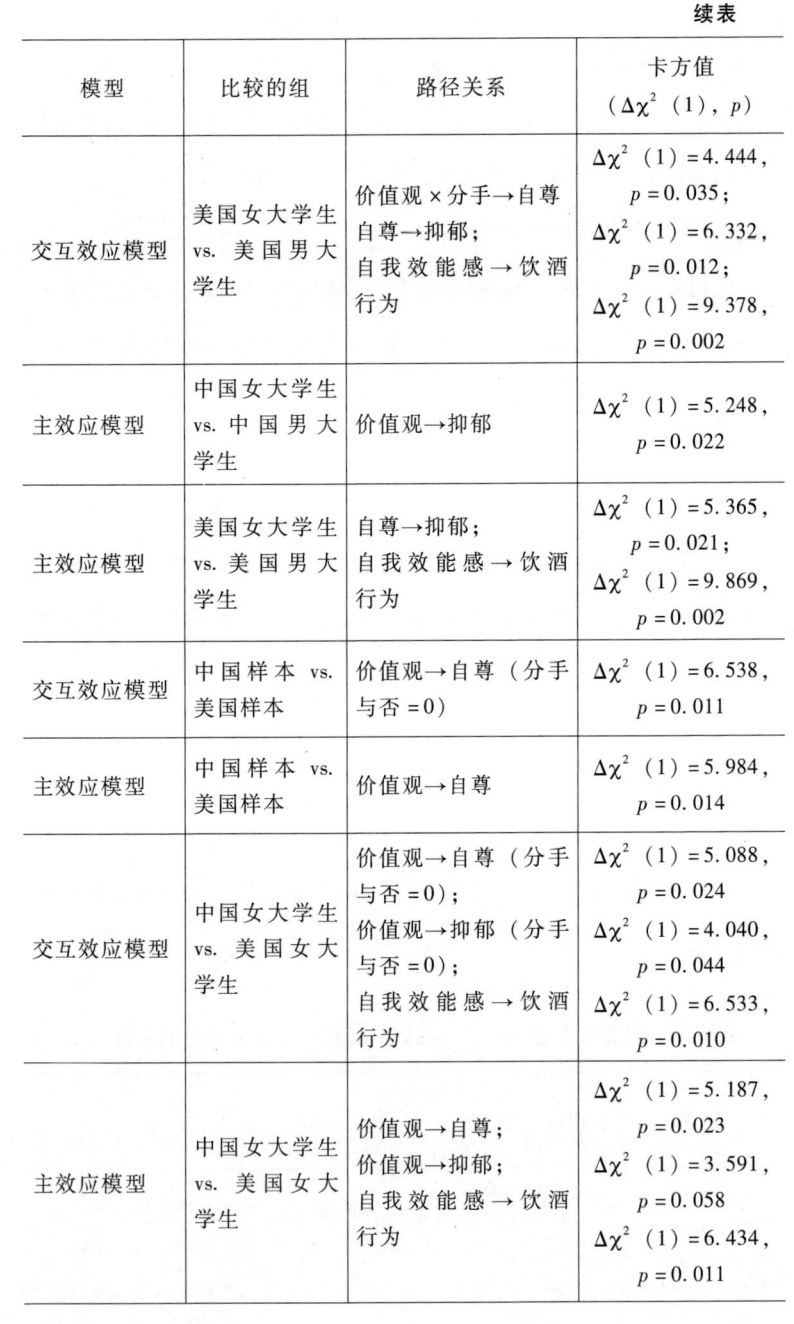

模型	比较的组	路径关系	卡方值 ($\Delta\chi^2$ (1), p)
交互效应模型	美国女大学生 vs. 美国男大学生	价值观×分手→自尊；自尊→抑郁；自我效能感→饮酒行为	$\Delta\chi^2$ (1) = 4.444, p = 0.035；$\Delta\chi^2$ (1) = 6.332, p = 0.012；$\Delta\chi^2$ (1) = 9.378, p = 0.002
主效应模型	中国女大学生 vs. 中国男大学生	价值观→抑郁	$\Delta\chi^2$ (1) = 5.248, p = 0.022
主效应模型	美国女大学生 vs. 美国男大学生	自尊→抑郁；自我效能感→饮酒行为	$\Delta\chi^2$ (1) = 5.365, p = 0.021；$\Delta\chi^2$ (1) = 9.869, p = 0.002
交互效应模型	中国样本 vs. 美国样本	价值观→自尊（分手与否=0）	$\Delta\chi^2$ (1) = 6.538, p = 0.011
主效应模型	中国样本 vs. 美国样本	价值观→自尊	$\Delta\chi^2$ (1) = 5.984, p = 0.014
交互效应模型	中国女大学生 vs. 美国女大学生	价值观→自尊（分手与否=0）；价值观→抑郁（分手与否=0）；自我效能感→饮酒行为	$\Delta\chi^2$ (1) = 5.088, p = 0.024；$\Delta\chi^2$ (1) = 4.040, p = 0.044；$\Delta\chi^2$ (1) = 6.533, p = 0.010
主效应模型	中国女大学生 vs. 美国女大学生	价值观→自尊；价值观→抑郁；自我效能感→饮酒行为	$\Delta\chi^2$ (1) = 5.187, p = 0.023；$\Delta\chi^2$ (1) = 3.591, p = 0.058；$\Delta\chi^2$ (1) = 6.434, p = 0.011

续表

模型	比较的组	路径关系	卡方值 ($\Delta\chi^2$ (1), p)
主效应模型	中国女大学生 vs. 美国男大学生	价值观→敌对心态	$\Delta\chi^2$ (1) = 4.312, p = 0.038

注：上述分析结果基于对性别和文化差异的多组卡方差异显著性检验得到验证。

第六章 分手、传统价值观和心理健康

本研究的目标有二：一是通过对大学生恋爱关系的实质性检验从而对压力过程模型提供进一步的经验证据；二是通过检验价值观在压力过程模型中的作用进一步扩展这个模型。具体来讲，就是一方面检验个体价值观如何与文化和结构因素相联系，另一方面检验个体价值观如何产生出个体意义体系并进而影响个体面对压力时的精神病态反应和最终的心理健康水平。通过在中美两个国家收集调查数据并应用结构方程模型进行数据分析，本研究的结果对这些研究问题都提供了某种程度的洞见。

综观本研究的发现所形成的整体图景，我们可以看到三个核心的结论贯穿其中。第一，分手事件和恋爱关系中的关系紧张对中美大学生的心理健康产生显著的负面影响，其中部分的影响是通过损害自尊和自我效能感发生的，即自尊和自我效能感产生部分中介效应；第二，恋爱中的传统价值观是影响中国大学生恋爱心理健康的一个重要的社会－心理机制，其影响路径表现为一种调节机制，具体方向是加剧分手事件对中国大学生抑郁水平的负面效应,而且这种调节效应在中国男女大学生之间没有显著差异;第三,在恋爱关系与心理健康的相关性上,本研究没有发现显著的性别差异或国别差异。对于恋爱关系中的传统价值观,本研究仅仅发现了显著的文化差异,未发现性别差异。换句话讲,传统价值观与恋爱心理健康的性别差异或文化差异模式的关系无法在本研究中得到清晰的答案。

在本章中,笔者将基于前述假设来对相应的研究发现进行一一讨论。具体而言,首先,笔者将讨论关于分手事件与传统价值观的交互作用模型在中美样本数据中的研究发现;其次,讨论主效应模型的研究结果,并特别强调在两种模型上存在的性别差异;再次,在讨论两种模型中发现的国家差异方面的结果;最后,总结基于上述发现的结论。另外,关于控制变量的重要结果也会提及。在对相关研究发现进行讨论之后,笔者将论述这些研究发现之于现有的理论模型尤其是压力过程模型和之于恋爱关系和心理健康的实质研究领域的意义和知识贡献。本研究将在最后讨论研究局限性并提议未来的研究方向。

一 分手、传统价值观对心理健康的影响

(一) 传统价值观的调节效应

本研究中第一个也是核心的一个假设的分析结果表明,

传统价值观的调节效应仅仅存在于中国大学生样本，而不存在于美国大学生样本中。具体来讲，在过去一年内经历分手会导致当前抑郁水平上升，而这一关系受到传统价值观的调节，调节的方向是进一步加剧分手对抑郁水平的负面效应。当然，受到截面数据的制约，并不能说分手与抑郁水平的上升有因果效应，毕竟本研究没有对同样的受访者在分手前的抑郁水平进行测量。实际上，本研究对分手带来的抑郁水平上升是通过对过去一年内经历过分手和没有经历过分手的两个群体的抑郁水平进行横向对比得到的。

通过这一显著的交互效应，个体赋予恋爱关系中发生的压力性事件（例如分手事件）的意义得到了间接检验，相关核心假设和对应的理论建构也得到了部分经验证据支持。个体价值观作为个体自我概念的核心成分，从理论上讲，对个体的意义诠释会产生重要影响，尤其是当个体面临重要的生活事件时更是如此。价值观影响个体对负面的生活事件的意义评价，从而最终影响个体的应激反应和最终的心理健康结果。这一理论观点由来已久，但是对其进行经验检验的文献却寥寥无几。本研究关于传统价值观的调节效应的结果虽然仅仅在中国学生数据中被发现，但为这一理论观点提供了部分的经验证据，也为压力与心理健康研究领域中关于意义的研究分支提供了更多的经验知识。

最后，值得一提的是，本研究关于传统价值观、情感性承诺以及对于前任的爱的相关发现也证实了个体价值观会产生强烈的情感共振的理论观点，对于价值观影响个体心理和行为的中间机制提供了一些线索。

关于传统价值观调节效应的进一步研究发现,这一效应不存在显著的性别差异,即这一效应对中国的男女大学生的影响程度是相似的或对等的。换句话讲,无论是对中国男大学生还是对中国女大学生来说,价值观传统主义倾向的增加会加剧个体在经历分手事件后抑郁水平的上升,且加剧的程度是相似的。或者,从另一个角度来看,由于调节效应具有统计上的对称性,上述调节效应也可以解释为,传统价值观对中国大学生抑郁水平的影响效应受到分手事件的调节。具体而言,就是对于在过去一年内经历过分手的中国大学生,相对于没有此类经历的中国大学生,传统价值观对抑郁的影响会更大。

这一分析结果表明,传统价值观对男大学生和女大学生面对分手事件的意义诠释的影响程度是相似的,或者,分手事件对男女大学生的传统价值观的冲击程度是相似的。尽管在这一交互效应上没有发现显著的性别差异,但是导致对男女大学生而言相似的交互效应的潜在原因和机制可能并不相同,也就是传统价值观对男大学生和女大学生的交互作用产生的背后机制可能差异很大,对这种背后机制的探讨会在下一步讨论主效应模型的相关结果时进一步深入展开。对这种背后机制的讨论也许可以告诉我们,尽管传统价值观对男女大学生的影响效应的系数几乎是对等的,但男女大学生在实际的意义诠释过程中可能存在重要的具体内容上的差异性,而这种质性的差异通过统计规律是无法揭示的。

  基于中国大学生样本的交互作用模型还进一步揭示出，假设自尊或自我效能感的中介调节效应没有得到经验数据支持，即传统价值观对分手事件和抑郁的调节效应并不是通过自尊或自我效能感发生的，因为传统价值观与分手事件的交互项对自尊或自我效能感没有显著效应。因此，恋爱中的价值观传统主义倾向增强了分手事件对抑郁的负面影响，这种增强效应至少不是通过降低自尊或自我效能感发生的，但可能是经由其他的社会－心理中介变量发生的。

  为何这一中介的调节效应没有得到支持？一个可能的解释是，个体通常倾向于维持积极的自我评价。因此，即使经历分手这种负面生活事件后，个体仍然倾向于向外界报告较高的自尊和自我效能感水平，从而导致一种自我报告偏差。这种偏差导致我们所发现的数据结果，即更传统的大学生在经历分手后看起来其自我评价并没有受到更大的冲击。相比而言，对于抑郁水平的测量则更能相对准确地反映个体的心理健康状况。因此，传统价值观的调节效应只表现在抑郁这个指标上。

  除了上述针对抑郁的调节效应，传统价值观也对分手事件与饮酒行为的关系产生一定的调节效应，但是效应方向是相反的。就中国大学生而言，传统价值观会降低分手事件对饮酒行为的负面效应。也就是说，尽管经历分手事件的大学生倾向于增加饮酒行为，但是价值观的传统主义倾向会降低这种增强效应，约束分手后作为一种情绪表现的饮酒行为。对于美国大学生而言,本研究也发现了相似的趋势,只是基于美国大学生的分析结果是不显著的。这一发现可能说明,在经历分手这个负面事件后,传统价值观可能仅仅对于进一步增强抑郁具有显著效应,但对于饮酒这种行为表现,却具有防护作用。

最后,对于美国大学生而言,并没有发现传统价值观对恋爱关系和三个最终的心理健康结果的相关性具有任何调节作用,无论是对于整体样本还是对于分性别的样本而言都是如此。但是,在美国男大学生中,传统价值观被发现显著地降低了分手事件对自尊和自我效能感的负面效应,而这一调节效应对美国女大学生并不显著。这样看来,对于那些自我定义为更加传统的美国男大学生而言,分手对他们的自尊和自我效能感的损害是更小的,传统价值观似乎是在一定程度上保护了他们的自尊和自我效能感。但是,同样存在一种可能,即这些偏传统的男大学生同时具有高度的自我防卫性,因此倾向于高报他们的自尊和自我效能感水平。本研究同时发现,对于抑郁和敌对心态,传统价值观的调节效应方向是负面的,即加剧了分手事件对抑郁和敌对心态的负面效应,但是并不显著。

(二) 传统价值观和分手对心理健康的主效应

传统价值观的主效应仅仅在中国大学生中被发现。具体而言,独立于分手状态,传统价值观显著地提升了中国大学生的抑郁水平,但对美国大学生的影响微弱。另外,分手事件同样显著地提升了抑郁水平，对中美大学生皆如此。但是，对中国大学生而言，分手事件对抑郁的加剧效应是直接发生的，而对美国大学生而言，分手事件对抑郁的影响是同时通过直接效应和间接效应发生的。分手事件对饮酒行为和敌对心态的负面效应则仅仅通过自尊和自我效能感水平间接发生。接下来，笔者将对中美样本的主效应结果分别进行讨论。

首先，对于中国大学生而言，尽管本研究发现，传统价值观的调节效应对中国男女大学生而言没有显著差异，但是在传统价值观的主效应上，即在传统价值观对抑郁的主效应上，男女大学生的差异是显著的。具体而言，传统价值观仅仅显著地提升了中国女大学生的抑郁水平，但对于中国男大学生的影响不显著。综合调节效应和主效应，可以看到，对中国女大学生而言，传统价值观不仅提升了分手事件对抑郁水平的负面效应，同时也直接提升了女大学生的抑郁水平。何谓直接提升？即不管受访女大学生处于哪一种恋爱关系状态、在过去一年内经历或未经历分手，更传统的女大学生的抑郁水平都要高于不那么传统的女大学生。此外，对于传统价值观与自尊的关系，本研究发现价值观传统主义倾向显著降低了中国女大学生的自尊水平，但未发现显著的性别差异。对于中国男女大学生而言，是何种潜在的意义建构过程导致传统价值观对他们产生相似的调节效应和不同的主效应呢？

通过进一步分别检验基于男女样本各自建构的模型路

径系数，本研究初步得到一个解释这种性别差异结果的可能的逻辑推论。具体而言，对于中国女大学生，传统价值观可能显著提升她们的抑郁水平，不管是在她们经历或未经历分手事件时皆是如此；但是对未经历分手事件的男大学生而言，传统价值观降低了他们的抑郁水平。对于在过去一年经历过分手事件的男大学生而言，传统价值观也仅仅是略微提升了他们的抑郁水平。因此，平均下来，传统价值观对中国男大学生的主效应是不显著且非常小的，但是其调节效应不具有显著的性别差异。总结起来，传统价值观对分手事件和抑郁水平相关性的调节作用不具有显著的性别差异，即对中国男女大学生而言，更加传统都意味着经历分手后产生更强烈的抑郁反应。但是，导致这一结果的潜在过程对男女而言可能是不同的。这是因为传统价值观总体而言对女性心理健康的负面影响更大，不管女大学生处于恋爱中还是处于分手后的状态，越传统的女大学生的心理健康状态越差；但是对男大学生而言，当他们处于恋爱关系中时，传统价值观对其心理健康是有益的，只有当经历分手后，传统价值观才对他们的心理健康产生一些负面影响，因此，综合起来，传统价值观对男性的影响是比较小的。

其次，对于中国大学生而言，尽管分手事件对抑郁的主效应不存在显著的性别差异，但是过去一年内的分手经历对女大学生的影响大于对男大学生的影响。这一效应告诉我们，不管传统与否，分手都显著提升了中国男女大学生的抑郁水平。这一结果与压力过程模型理论的预期和以往相关文献的结果一致。分手事件，尤其是发生在过去一年内的分手事件，作为一种负性生活事件，对个体的心理健康状态产生强烈的负面影响。对于大学生而言，由于恋爱关系在这个阶段的重要性，这种负面影响则更加显著。

这种效应量的差异显示，分手事件对男大学生抑郁的主效应可能比对女大学生要弱。而且，因为传统价值观的调节效应对中国男女大学生而言是相似的，所以分手事件对抑郁的影响对于更传统的中国女大学生而言更大，同样地，对更传统的中国男大学生的影响也更大，并且在增强的力度（调节效应的大小）上不具有显著的性别差异。总的来讲，尽管传统价值观对分手事件与抑郁水平的相关关系的调节效应不具有显著的性别差异，但导致这一结果的潜在机制可能具有性别差异。这一潜在机制显示，独立于价值观传统主义倾向，分手事件平均而言对女大学生的影响大于对男大学生的影响。

最后，对美国大学生而言，在分手事件对抑郁的主效应上没有发现性别差异。相关结果显示，分手事件或者通过直接的方式提升抑郁水平，或者通过间接降低自尊和自我效能感的方式提升抑郁水平；对于饮酒行为和敌对心态两个因变量而言，分手事件通过降低自我效能感增加饮酒行为和提升敌对心态水平。此外，对中美大学生而言，恋爱关系紧张显著影响所有五个外生变量。总之，基于中美样本数据，本研究发现了分手事件和恋爱关系紧张对心理健康产生负面影响的结果。这证实了压力过程模型关于负面生活事件以及人际关系中的慢性压力（如关系紧张）会产生负面心理健康影响的结论。

（三）综合调节效应与主效应的一种解释方式

对于中国男大学生和女大学生而言，传统价值观具有相似的调节效应，但是导致这种相似的调节效应的潜在意义建构过程可能是不同的。在这里，笔者针对这种相似的调节效应及其潜在建构过程提出几种可能的解释。第一，传统价值观对中国男女大学生相似的调节效应可能在某种程度上反映了一个事实，即更传统或更保守的个体倾向于在恋爱关系上附加更多更重要的主观意义，因此在这种关系破裂时会产生更强烈的负面情绪反应。

但是，值得注意的是，相似的调节效应也可能部分地由大学生样本的群体特征所造成，在更一般化的青年群体中未必成立。受访的男女大学生接受同等水平的高等教育，这可能减少了他们在传统价值观以及意义诠释方式上的性别差异。对于更一般的中国青年总体，从理论上我们仍然认为传统价值观对女性分手后的抑郁反应的加剧效应高于男性。当前中国的宏观社会环境，包括社会结构性约束，社会文化导向以及人际的价值和意义沟通，仍然是更有利于男性的，尤其是在涉及两性关系的价值观层面。例如，恋爱次数太多可能降低女性在婚恋市场上的价值，但对男性的影响却很小。同时，受到宏观的社会文化导向的影响，人际关系层面的意义协商与沟通也可能进一步加剧传统价值观给女性带来的负面影响,但可能对男性的心理福祉有利。

最后,尽管在传统价值观的调节效应上没有发现显著的性别差异,但在传统价值观对抑郁水平的主效应上却存在性别差异。这一显著的性别差异显示,中国女性相对于男性承受双重不利。这是因为更传统的女孩在恋爱关系中可能变得更加抑郁,而在分手后也受到更大伤害;另外,传统价值观可能保护身处恋爱关系中的男性,而分手也仅仅对他们造成轻微的伤害。因此,尽管传统价值观的调节效应在统计效应上不存在显著的性别差异,但在传统价值观的主效应上存在的性别差异揭示了保守女性在恋爱关系中处于更加不利的地位。

此外,分手事件(独立于传统价值观水平)对抑郁水平产生的主效应,尽管仍然不存在显著的性别差异,但这一效应在女大学生样本上的效应量是男大学生样本的两倍。这一数据分析结果可能意味着女大学生在面对分手事件时处于更加不利的地位。总的来讲,尽管分手事件会同时提升男女大学生的抑郁水平,并且这一效应对具有不同水平传统价值观的男女大学生都是相似的,但总体而言,分手事件仍然会对女大学生的抑郁水平产生更强烈的影响。

(四) 在调节效应和主效应上存在的文化差异

针对传统价值观的调节效应,我们也检验了其国别差异是否显著。尽管研究发现这一调节效应仅仅在接近显著的水平上具有国家差异,但是在分别对两个国家的样本进行调节效应估计时发现,这一效应仅仅对中国样本是显著的且在效应量上是美国样本的估计系数的两倍。这一研究发现可能表明:第一,传统价值观对中国大学生分手后的情绪反应的影响更大;第二,无论是对中国大学生还是对美国大学生而言,更加传统的个体都会在分手后产生更强烈的抑郁反应,因为这一调节效应在中美样本数据分析结果中具有相同的方向;第三,本研究进一步结合国家和性别的不同组合对这一调节效应进行了比较,结果并没有发现任何组别差异。

针对传统价值观和分手事件的主效应,我们发现中美之间存在显著的效应差异,正如在中国样本内部存在显著的性别差异一样。首先,在分手对抑郁的主效应中没有发现任何国家和性别组合之间的群体差异,这表明不管对中国大学生还是对美国大学生,不管对女大学生还是对男大学生来说,分手事件都是一个核心的负性生活事件,导致他们产生强烈的抑郁反应。其次,中国女大学生和美国女大学生在传统价值观的主效应上存在显著差异;一个可能的理由是,传统价值观仅仅对中国女大学生的心理健康具有双重危害,即不管是否处于恋爱关系中,中国女大学生的心理健康都更容易受到传统价值观的危害。就像对于中国男大学生一样,对于处于恋爱关系中的美国女大学生来说,传统价值观首先有益于她们的心理健康;而对于面对分手事件的美国女大学生来说，传统价值观则对其心理健康有害，两个效应相互抵消，表现出传统价值观对美国女大学生没有任何显著的主效应。[1] 此外，在传统价值观与自尊的相关性上也发现了相似的结果。即传统价值观仅仅显著降低了中国女大学生的自尊水平，而对美国女大学生自尊水平的影响很小。这一发现进一步验证了中国女大学生，尤其是具有高度的传统主义倾向的中国女大学生，在恋爱关系中的不利地位。

总结这些发现，我们可以得出结论，本研究所测量的传统价值观取向对美国大学生在恋爱中的心理健康的影响较小，而对中国女大学生的影响较大。因此，中美大学生在传统价值观上的差异，即中国大学生比美国大学生更加传统的倾向，并不能构成中美大学生在心理健康上产生差异的理由，我们需要进一步探索影响美国大学生恋爱心理健康的其他更为重要的因素。

最后，本研究也发现了一些与研究主题不是紧密相关，却也非常有意义的文化差异。第一，本研究发现中国女大学生和美国女大学生在自我效能感和饮酒行为的关系上存在显著的差异。具体而言，高度的自我效能感仅仅减少了中国女大学生的饮酒行为，但对美国女大学生的饮酒行为的影响很小。对于这一发现，可能的解释是，饮酒行为对

---

[1] 对美国男大学生而言，传统价值观也降低了其抑郁水平，而对处于分手状态的美国男大学生，传统价值观则加剧了其抑郁状态，这种加剧的调节效应高于对美国女大学生的影响，因此，在平均下来的主效应上，传统价值观提升了美国男大学生的抑郁水平。

于美国大学生而言是一种更为普遍的社会行为，甚至具有重要的社交效应，这一行为可能与个体的自我效能感关系很小；而对于中国女大学生而言，主动的饮酒行为更有可能是一种心理健康状况变差的行为反应，而心理健康状况变差的直接前导因素之一就是自我效能感降低。换句话说，当一个中国女大学生感到对生活迷茫和失控的时候，这可能会增强其饮酒的倾向。另一个显著的文化差异表现在传统价值观与敌对心态水平的相关性上。传统价值观显著提升了美国男大学生的敌对心态水平，但略微降低了（但不显著）中国女大学生的敌对心态水平，两个效应具有显著的统计差异。

（五）在控制变量上的重要结果

除了针对传统价值观和分手事件所发现的核心的交互效应和主效应，在控制变量上，本研究也有一些重要的发现值得进一步讨论和思考。第一，性别是影响所有五个内生变量的一个显著因素。总体而言，控制其他因素，不管是中国还是美国的女大学生，都显示出更高的抑郁水平，更少的饮酒行为和更低的敌对心态水平。这一结果与以往的研究结论是一致的。以往的研究发现，女性具有特有的心理健康问题的表达方式。当然，这一结果也可能表明，目前的模型可能省略了其他影响女性抑郁的因素。

第二，对于中国大学生而言，学习成绩是影响心理健康的一个重要因素，基于中国社会强调学业成就的文化价值观导向，这一发现并不奇怪。而且，对于大学生而言，学习，如同恋爱一样，都是他们的核心生活领域。因此，我们发现，更高的 GPA 与更低的抑郁水平、更少的饮酒行为和更低的敌对心态水平显著相关，这种相关既有直接影响也有间接影响，即 GPA 通过提升大学生的自尊和自我效能感对其心理健康产生积极效应。但是，对美国大学生而言，我们发现 GPA 对心理健康的影响力没有这么强。GPA 仅仅减少了美国大学生的饮酒行为。但是总体而言，学业成就更好的大学生具有更好的心理健康状态，无论是表现为向内的抑郁情绪或表现在向外的饮酒等行为问题上都是如此。

第三，另一重要的发现涉及父亲的受教育程度的影响。在中国样本中，父亲的受教育程度，而非母亲的受教育程度，更能代表家庭的社会经济地位。同时，父亲的受教育程度也具有显著的城乡差异。来自城市的大学生，其父亲的受教育程度显著高于来自农村的大学生。来自农村的大学生的父亲的平均受教育程度是低于高中的。父亲的受教育程度影响中国大学生的自尊和自我效能感水平，父亲受教育程度低对大学生的自我评价产生负面的影响，进而增加他们的抑郁水平。在中国，来自贫穷家庭尤其是来自农村贫困家庭的大学生的生活费非常有限，在大学生活中更容易自卑，因此倾向于更加沉默、更少参与社会活动。①

第四，种族/民族，作为一个重要的人口统计学变量，

---

① 在中国，通常是由家庭来承担孩子上大学的费用，包括学费和生活费。靠自己兼职赚取学费和生活费的形式不是中国大学生完成大学教育的主要方式。

尽管在中国和美国社会背景下具有不同的含义，但是在本研究中却对中美大学生的心理健康状态具有相似的影响。对中美大学生而言，中国的汉族学生和美国的白人学生都具有更好的心理健康状态，即具有更低的抑郁水平，更少的敌对心态和饮酒行为。这一结果与以往关于美国人的心理健康所具有的种族差异模式是一致的，同时也提醒我们，在中国，这种模式仍然可能存在，未来的研究也应该积极关注中国大学生在心理健康上所可能具有的民族差异。

第五，与前男友或者前女友发生过性行为对中美两国的大学生的心理健康都具有显著影响。这一发现有点儿令人意外，毕竟在当前美国文化里，婚前性行为已经被认为是一种普遍的且完全可以接受的行为，笔者并没有预料到在美国样本中这种行为会对受访者的心理健康有显著影响。但是，这一发现可能暗示我们，在美国被大众广为接受的婚前性行为对美国大学生而言可能并不是无意义的和随便的。这种行为可能和美国大学生的情感承诺相关，并由此带来更为强烈的情绪反应。

二　研究启示和未来研究方向

（一）研究启示

1. 对发展意义研究与压力过程模型的启示

本研究中发现的传统价值观的显著的调节效应在某种

程度上支持了基于认同控制理论和认同相关假设的理论观点（Thoits，1991，1995），因为这一发现强调了与个体的核心自我概念或自我定义相关的价值观念在压力过程中的角色，这一角色使得不同个体在面对相同的压力性事件时产生不一样的意义诠释，从而造成不一样的心理健康后果。更为重要的是，这一发现为扩展的压力过程模型（McLeod，2012）提供了经验支持。扩展的压力过程模型首次明确地将意义建构过程放在了压力过程的核心位置，这一意义建构过程不仅包含了个体基于自身观念体系的意义诠释，也包含了个体在人际互动环境中的意义协商过程。同时，扩展的压力过程模型也并没有忽略甚至是强调了意义建构过程与更宏观的社会结构和文化之间的系统性关联。

扩展的压力过程模型在本质上与本研究的理论框架是一致的。但是，尽管 McLeod（2012）在扩展的压力过程模型中提到了认同、信念和价值观作为个体意义建构的基础这一观点，但她并没有将价值观从中区分出来作为一个功能上相对独立和更为重要的概念，而是将其和一般的信念和认同混为一谈。而且，作者也没有提到检验这一扩展模型的任何经验研究的方向和细节。

本研究的发现不仅为扩展的压力过程模型提供了经验支持，而且对这一模型起到了补充的作用，因为本研究指出了压力过程模型一个核心的意义建构过程，这一过程不仅可以在恋爱关系领域，也可以在诸多其他的实质性经验领域进行检验。基于本研究的发现，我们可以提出一个论点：价值观可被视为个体意义机制中的核心元素之一，这一机制不仅是压力过程中的重要意义生产机制，也受到社会结构和文化因素的形塑。换句话说，个体价值观可以作为个体主观的意义评价和更宏观的社会结构与文化的联结点。对于这一论点的经验支持和理论澄清无疑将进一步促进对扩展的压力过程模型在多个实质领域的检验。

此外，通过对比传统价值观的调节效应所具有的国别和性别差异，本研究直接检验了个体意义的结构与文化起源。McLeod（2012）提出了这类研究的两种路径，即研究者可以检验个体叙述文本上的系统性差异，这种系统性差异可以是重要的社会地位差异，也可以是社会意识形态差异。但是，这种检验方式更适合于通过质性研究方法进行，因此在推广性上有所局限。本研究则试图通过定量研究方法论来探索这样的问题。因此，针对个体对生活压力的主观诠释是否具有系统的结构性和文化性差异问题，本研究可能提供了一种更强的经验支持。

如果要讨论本研究对扩展的压力过程模型的意义，则首先需要承认本研究具有一个重大局限性，即受到量化调查方法论的影响，我们不能很有效地检验模型中的意义协商过程。但是，如果要对扩展的压力过程模型进行整体性或要旨性的检验，而不是聚焦于其中的某个元素或过程分别进行检验，则这一局限性又显得不可避免。这是因为，一旦我们将意义协商纳入考虑，那么意义诠释过程就处于一个动态过程中，个体对压力事件的意义评价可能变得缺乏足够的稳定性，这可能导致我们无法去检验或发现个体意义过程与更宏观的社会结构因素的系统联系。因此，在本研究中，我们选择了一个相对稳定的意义的代理测量方式——个体价值观，并假定那些基于个体价值观的意义协商已经基本完成或者这些基于价值观的意义是更难去与人协商的。换句话讲，由于某个压力性事件违背的是个体牢牢笃定的核心价值观，那么个体对这个事件的严重性评估很难通过与人沟通发生实质性变化。

　　此外，尽管本研究没有对意义协商过程进行直接检验，但本研究发现的与性别和文化差异相关的结果对潜在的意义协商过程也有些许启示。基于价值观生产的个体意义在人际互动层面经历了各种潜在的协商过程，这种协商过程也受到不同的结构和文化背景的塑造，这一理论观点或许可以解释本研究中关于文化差异的一些发现。例如，在传统价值观的调节效应上存在接近统计显著的文化差异，而且基于美国样本得到的效应量远小于来自中国样本的结果。如何解释这一差异？意义协商过程可能是一条路径。具体来说，尽管更传统的中美学生都会在经历分手后变得更加抑郁，美国社会所具有的更加开明和多样化的结构与文化特征可能有利于美国大学生通过更加支持性的意义协商过程而降低对分手事件的负面评价。在中国的社会情境下，则正好相反。基于个体传统价值观的负面意义诠释经过人际层面的意义协商过程可能进一步恶化，导致更加负面的评价，这是因为个体价值观在一定范围内及在某种程度上必然是被某个亚文化群体所共享的。因此，拥有传统价值观的个体在面对分手事件时，只有找具有与其相反或至少中立的价值取向的个体进行意义协商，方有可能获得更积极的意义评价，以改善心理健康状况。

2. 对恋爱关系和心理健康研究的启示

在有关恋爱与心理健康关系的实质性研究领域，本研究至少在如下几个方面做出了贡献。第一，在解释恋爱关系影响心理健康的机制问题上，目前的文献讨论多局限于理论层面，例如运用性别社会化和性别角色理论来解释恋爱关系和心理健康相关性上的性别差异模式，少有研究为这个过程中的具体机制提供经验检验证据，而这正是本研究的贡献所在。本研究探讨了传统价值观这样一个具体机制是如何在恋爱关系影响心理健康的过程中发挥作用的问题，收集相关数据，提供了经验分析结果。

第二，尽管本研究的焦点在于传统价值观的调节机制，但本研究也注意到这种机制与更宏观的社会结构和文化要素之间可能存在的系统联系，并对这种可能的联系进行了经验检验，从而突出了本研究的社会学特征。相对而言，目前此研究领域的文献大多来自心理学领域，聚焦在个体情感和认知水平的因素上，正如我们在文献回顾中谈到的那样。

第三，尽管本研究仅仅就来自大学生的方便样本进行分析，但它仍然为恋爱关系与心理健康的相关性模式，包括性别模式和国别模式，提供了诸多有益的启示。首先，对于性别模式而言，本书一些研究发现与当前的某些文献的结论是一致的,即认为在分手与心理健康的相关性上没有显著的性别差异。更重要的是,本研究揭示了一些更为微妙的性别差异模式,例如在传统价值观的调节效应上的性别差异。其次,对于国别模式而言,目前关于恋爱关系与心理健康上的文化差异的文献还寥寥无几,本研究的探索也算是部分地填补了空白。

(二) 研究局限

如前所述,本研究最大的局限性在于所使用的抽样方法。本研究的分析样本是一个方便样本,以方便获取为原则,样本集中地来自一所美国东北部的大学以及几所中国北部的大学。这一样本会带来几个重大缺陷。

第一,抛开非随机样本的推论缺陷,此样本在性别和民族/种族的组成上不够合理,女性和汉族(或白人)被过度代表,而男性和少数民族(其他种族)的学生缺乏代表性,因此,当利用此样本进行性别对比或种族对比时,其结果可能有偏差。

第二,样本的非随机性可能带来结果的不可靠和不稳健。其一,本研究中所报告的显著性检验的结果可能不可靠,因为进行统计推论的基础在于样本的随机性,这对于方便样本来说是不可能满足的,因此,对于本研究的分析结果,不适宜过度地推论到更大范围的人群,而更适宜用来作为理论构想的经验基础。若用到其他人群,则需要更多具有代表性的样本数据进一步检验。其二,同样是由于非随机样本以及小样本的缘故，本研究最后所检验的性别和文化模式的差异并不能获得稳健的结果，这是因为这些结果建立在方便样本所内含的偶然性基础上，也就是说，这些模型结果可能仅仅适用于此样本数据点，而不具有更大范围的推广性。

尽管存在这样的数据缺陷，笔者仍然相信，本研究的发现对于此研究问题的回答具有重要的启示意义，因为本研究的绝大多数发现在理论上和常识上都讲得通，因此，可能在一定程度上反映了真实的情况或事实。同时，由于本研究是基于一些新的理论观点的整合，尤其是为了检验基于压力过程模型的进一步的理论推演而开展的，即关于压力性事件的意义诠释在心理健康结果中的作用问题研究，因此，基于方便样本的结果虽然称不上稳健或具有很好的推广性，但就检验一个初始理论观点而言，已经在提供经验证据的方向上或在理论检验上迈出了第一步。

第三，本研究的横截面研究设计不可避免地产生横截面数据的缺陷，即无法对因果关系做出任何推论。横截面数据仅能发现数据中变量间的相关关系，而对于变量之间的时间顺序无法确定，对于第三方混淆变量的影响也无法排除。例如，对于分手事件对抑郁的影响，横截面数据仅能对一年内经历过分手的大学生和一年内没有经历过分手的大学生两个群体的抑郁水平进行比较，从而估计一个系数代表两个群体在抑郁水平上的差异。但是，对于分手和抑郁之间的时间顺序是无法确定的，而实际上，分手和抑郁的关系可以是双向的，即分手影响抑郁水平的变化，同时，那些更抑郁的人也可能有更大的概率遭遇分手。同样，在检验恋爱关系紧张和抑郁的相关性时，也可能面临同样的因果关系问题。要解决这些问题，追踪性数据尤其是面板数据是一个更好的选择。通过搜集面板数据，我们可以对一个大学生在分手前和分手后的抑郁水平进行测量，从而确定分手和抑郁的因果关系的时间顺序方向。

第四，关于恋爱关系中的传统价值观测量问题。事实上，对于这一潜在概念，肯定有多种不同的测量角度。在本研究中所使用的这一种也许不是最好的，不能十分有效地捕捉影响恋爱心理健康的传统价值观的潜在内涵。同时，尽管通过多样本结构方程模型，本研究发现这一测量在中美大学生样本之间具有意义对等性，但是这些项目对个体而言仍然可能具有不同的潜在内涵，尤其是在性别之间和国家之间，其所具有的实质性意义都可能有所差异。这一测量对这种性别差异和文化差异的捕捉度都可能不够充分。例如，对于美国大学生而言，与恋爱关系相关的传统价值观最有可能是基于基督教教义而形成的价值观念，因此，对于信仰这些教义的男女学生而言，其内涵和约束力可能是相似的。但是对于中国大学生而言，相似的价值观，例如对于贞操的重视，是基于儒家传统教义，因此，这种价值观对于女性的约束大于对男性的约束，对于女性的心理健康的影响也可能大于对男性的影响。

第五，本研究使用传统价值观的调节效应来间接地代表面对压力事件的意义诠释过程并非一个最好的策略。对意义过程的间接测量可能会错失许多复杂意义生产过程中的细节。同时,这种简单的统计策略也遮挡了意义生产过程中的意义协商细节。要真正深入细致地探索这一意义生产过程,如前所述,定量的统计模型具有很多缺陷,适合解释大的规律和模式,无法深入探索内在的过程、细节和机制。要达到深入探索的目标,我们需要更多的独立研究,应用混合的研究方法,单独地探索意义生产过程本身。尽管如此,本研究依然有所贡献,其核心贡献点在于找到了一个经验切入点,通过这个切入点,我们一方面检验了意义过程对压力效应可能产生的改变,另一方面检验了这种调节效应与社会结构和文化的系统联结。

(三) 未来研究方向

第一,在未来的研究中,为了进一步检验扩展的压力过程模型,需要注意两个问题。第一个问题是如何对压力过程中的"意义"进行直接检验;第二个问题是直接检验扩展的压力过程模型中的"意义协商"过程。"意义协商"不应该仅仅通过研究结果进行推论,而应该得到直接的经验检验。为了解决这些问题,我们需要获得质性调查的数据而不仅仅是定量调查数据,只有获取深入的质性研究数据,我们才能对价值观之于个体的意义进行直接和深入的检验,从而进一步提升预测相关的心理健康结果的准确性。同时,通过质性调查,我们也能对个体面对压力时,在人际互动中进行意义协商的过程进行直观的探索。Mcleod（2012）也建议使用混合定量和定性的方法来检验具体的意义建构过程，并进一步处理与意义协商相关的问题，例如，谁进入和离开了受访者的人际关系网络以及意义是如何在互动中被协商出来的。

第二，由于本研究对个人价值观在意义建构过程中的作用提供了部分支持性证据，因此进一步的研究应着眼于用不同类型的价值观去检验相关的意义生产过程以及由此产生的对心理健康的影响。

第三，针对本研究存在的方法论问题，未来研究也可以做相应改进。首先，抽取对相应总体具有代表性的随机样本，从而提升统计分析结果的推广能力；其次，在研究条件允许时，应该进一步获取追踪数据，从而更好地处理因果关系问题。

第四，在分析模型建构上，未来的研究不应仅仅使用路径模型，而应该采用完整的具有潜变量的结构方程模型。尽管路径模型相对于OLS回归模型具有一定优势，但仍然无法克服OLS模型的最大缺陷，即假定模型中的外生变量或预测变量是被完美测量的，是没有测量误差的。使用完整的潜变量框架下的结构方程模型，对于控制测量误差具有很大的帮助。控制测量误差，从而进一步提升路径系数估计的准确性。但是，当使用真正的潜变量结构方程模型时，模型识别问题应该变成一个在研究设计阶段就要考虑的问题。

参考文献

Allport, G. W. 1955. *Becoming: Basic Considerations for a Psychology of Personality*. New Haven, C. T.: Yale University Press.

Allport, G. W., Vernon, P. E., & Lindzey, G. 1960. *Study of Values. Manual and Test Booklet* (3rd ed.). Boston: Houghton Mifflin.

Aneshensel, Carol, S., Carolyn M. Rutter and Peter A. Lachenbruch. 1991. "Social Structure, Stress, and Mental Health: Competing Conceptual and Analytic Models," *American Sociological Review* 56(2):166 – 178.

Aneshensel, Carol, S. 1992. "Social Stress: Theory and Research," *Annual Review of Sociology* 18:15 – 38.

Aneshensel, Carol, S. and Jo C. Phelan. 1999. "The Sociology of Mental Health, Surveying the Field," in *Handbook of the Sociology of Mental Health*, edited by Aneshensel, Carol, S. and Jo C. Phelan. New York: Kluwer Academic Press pp. 3 - 14.

Bem, S. L. 1993. *The Lenses of Gender: Transforming the Debate on Sexual Inequality*. Yale University Press.

Bilsky, Wolfgang, and Shalom H. Schwartz. 1994. "Values and Personality," *European Journal of Personality* 8 (3): 163 - 181.

Blackwood, Evelyn. 2000. "Section II: Social Contexts: Culture and Women's Sexualities," *Journal of Social Issues* 56(2): 223 - 238.

Blumer, Herbert. 1969. *Symbolic Interactionism: Perspective and Method*. New Jersey: Prentice - Hall.

Bogle, K. A. 2007. "The Shift from Dating to Hooking up in College: What Scholars Have Missed," *Sociology Compass* 1 (2): 775 - 788.

Bond, M. H. 1988. "Finding Universal Dimensions of Individual Variation in Multicultural Studies of Values: The Rokeach and Chinese Value Surveys." *Journal of Personality and Social Psychology* 55(6):1009.

Broverman, I. K., Vogel, S. R., Broverman, D. M., Clarkson, F. E., & Rosenkrantz, P. S. 1972. "Sex - Role Stereotypes: A Current Appraisal," *Journal of Social Issues* 28 (2): 59 - 78.

Brown, G. W., & Harris, T. 1978. "Social Origins of Depression: A Reply," *Psychological Medicine*: 8(4): 577 - 588.

Brown, G. W., & Harris, T. O. (eds.). 1989. *Life Events and Illness*. Guilford Press.

Brown, G. W. 2002. "Social Roles, Context and Evolution in the Origins of Depression,"*Journal of Health and Social Behavior* 43(3):255 – 276.

Burke, Peter J. 1991. "Identity Processes and Social Stress,"*American Sociological Review* 56(6):836 – 849.

Burke, P. J., & Stets, J. E. 2009. *Identity Theory*. Oxford University Press.

Byrne, B. M. 2001. "Structural Equation Modeling with AMOS, EQS, and LISREL: Comparative Approaches to Testing for the Factorial Validity of a Measuring Instrument,"*International Journal of Testing* 1(1):55 – 86.

Cast, Alicia D., and Peter J. Burke. 2002. "A Theory of Self-Esteem,"*Social Forces* 80(3):1041 – 1068.

Chen, Zhiyan, Fei Guo, Xiaodong Yang, Xinying Li, Qing Duan, Jie Zhang, and Xiaojia Ge. 2009. "Emotional and Behavioral Effects of Romantic Relationships in Chinese Adolescents," *Journal of Youth and Adolescence* 38(10):1282 – 1293.

Chang, Weining C., Wing K. Wong: and Jessie B. K. Koh. 2003. "Chinese Values in Singapore: Traditional and Modern,"*Asian Journal of Social Psychology* 6(1):5 – 29.

Chang, J. S., Tsang, A. K., Lin, R. H., & Lui, P. K. 1997. "Premarital Sexual Mores in Taiwan and Hong Kong: Two

Pathways to Permissiveness," *Journal of Asian and African Studies* 32(3 - 4), 3 - 4.

Chang, W. C., Wong, W. K., & Koh, J. B. K. 2003. "Chinese Values in Singapore: Traditional and Modern," *Asian Journal of Social Psychology* 6(1), 5 - 29.

Chodorow, N. 1978. *The Reproduction of Mothering.* Berkeley: University of California Press.

Cochran, S. D., & Peplau, L. A. 1985. "Value Orientations in Heterosexual Relationships," *Psychology of Women Quarterly* 9(4): 477 - 488.

Connolly, Jennifer, Wendy Craig, Adele Goldberg and Debra Pepler. 1999. "Conceptions of Cross-Sex Friendships and Romantic Relationships in Early Adolescence," *Journal of Youth and Adolescence* 28(4):481 - 494.

Connolly, Jennifer, Wendy Craig, Adele Goldberg and Debra Pepler. 2004. "Mixed-Gender Groups, Dating, and Romantic Relationships in Early Adolescence," *Journal of Research on Adolescence* 14(2):185 - 207.

Coleman, J. S. 1961. *The Adolescent Society.* Free Press of Glencoe.

Deigh, J. 1999. "All Kinds of Guilt," *Law and Philosophy* 18(4): 313 - 325.

Dohrenwend, Bruce P., and Dohrenwend, Barbara S. 1976. "Sex Differences in Psychiatric Disorders," *American Journal of Sociology* 81:1447 - 1454.

Derogatis, L. R. , Lipman, R. S. , Covi, L. , & Rickels, K. 1971. "Neurotic Symptom Dimensions: As Perceived by Psychiatrists and Patients of Various Social Classes," *Archives of General Psychiatry* 24(5): 454.

DiLalla, L. F. 2000. "Structural Equation Modeling: Uses and Issues," in *Handbook of Applied Multivariate Statistics and Mathematical Modeling*, edited by Tinsley, H. E. , & Brown, S. D. Academic Press, pp. 439 – 464.

Erickson, Rebecca J. 1995. "The Importance of Authenticity for Self and Society," *Symbolic Interaction* 18(2): 121 – 144.

Feather, N. T. 1995. "Values, Valences, and Choice: The Influences of Values on the Perceived Attractiveness and Choice of Alternatives," *Journal of Personality and Social Psychology* 68(6): 1135 – 1151.

Feather, N. T. 1988. "Values, Valences, and Course Enrollment: Testing the Role of Personal Values within an Expectancy-valence Framework," *Journal of Educational Psychology* 80(3): 381.

Feather, N. T. 1992. "Values, Valences, Expectations, and Actions," *Journal of Social Issues* 48 (2): 109 – 124.

Gecas, V. 2000. "Value Identities, Self-motives, and Social Movements," in *Self, Identity, and Social Movements*, edited by Stryker, Sheldon, Timothy J. Owens, and Robert W. White. Minneapolis: University of Minnesota Press pp. 93 –

109.

Gecas, Viktor. 1982. "The Self-Concept,"*Annual Review of Sociology* 8: 1 -33.

Gecas, Viktor and Michael L. Schwalbe. 1983. "Beyond the Looking-glass Self: Social Structure and Efficacy-based Self-esteem,"*Social Psychology Quarterly* 46(2): 77 -88.

Giordano, P. C. , Longmore, M. A. , & Manning, W. D. 2006. "Gender and the Meanings of Adolescent Romantic Relationships: A Focus on Boys,"*American Sociological Review* 71(2): 260 -287.

Gove, Walter R. , and Jeannette F. Tuder. 1973. "Adult Sex Roles and Mental Illness," *The American Journal of Sociology* 78: 812 -835.

Harrington, Brooke and Gary A. Fine. 2000. "Opening the Black Box: Small Groups and Twenty-First-Century Sociology," *Social Psychology Quarterly* 63 (4, Special Millenium Issue on the State of Sociological Social Psychology): 312 -323.

Hatfield, E. , & Rapson, R. L. 1996. Love and Sex: *Cross-cultural Perspectives.* Boston: Allyn and Bacon.

Hitlin, S. ,and Jane A. Piliavin. 2004. "Values: Reviving a Dormant Concept,"*Annual Review of Sociology* 30: 359 -393.

Hitlin, S. 2003. "Values as the Core of Personal Identity: Drawing Links between Two Theories of Self," *Social Psychology Quarterly* 66 (2, Special Issue, Social Identity: Sociological and

Social Psychological Perspectives): 118 – 137.

Hitlin, S. 2007. "Doing Good, Feeling Good: Values and the Self's Moral Center," *The Journal of Positive Psychology* 2(4): 249 – 259.

Hitlin, S. 2011. "Values, Personal Identity, and the Moral Self," in *Handbook of Identity Theory and Research*, edited by Schwartz, S. J., Luyckx, K., & Vignoles, V. L. Springer pp. 515 – 529.

Higgins, Louise T., Mo Zheng, Yali Liu and Chun H. Sun. 2002. "Attitudes to Marriage and Sexual Behaviors: A Survey of Gender and Culture Differences in China and United Kingdom," *Sex Roles* 46(3 – 4): 75 – 89.

Higgins, E. T. 1987. "Self-discrepancy: A Theory Relating Self and Affect," *Psychological Review* 94(3): 319.

Hochschild, A. R. 1979. "Emotion Work, Feeling Rules, and Social Structure," *American Journal of Sociology* 85, 551 – 575.

House, James S. 1981. "Social Structure and Personality," in *Social Psychology: Sociological Perspectives*, edited by M. Rosenberg and R. H. Turner. N. Y.: Basic Books pp. 525 – 561.

House, James S. 1977. "The Three Faces of Social Psychology," *Sociometry* 40: 161 – 177.

House, James S., and Jeylan Mortimer. 1990. "Social Structure and the Individual: Emerging Themes and New Directions,"

Social Psychology Quarterly 53 (2, Special Issue: Social Structure and the Individual): 71 – 80.

Hsu, F. L. 1949. *Under the Ancestors' Shadow: Chinese Culture and Personality*. London, England: Routledge & Kegan Paul.

Hsu, F. L. 1981. *Americans and Chinese: Passage to Differences*. University of Hawaii Press.

Joyner, Kara and J. R. Udry. 2000. "You Don't Bring Me Anything but Down: Adolescent Romance and Depression," *Journal of Health and Social Behavior* 41(4): 369 – 391.

Katz D. 1960. "The Functional Approach to the Study of Attitudes," *Public Opinion Quarterly*. 6: 248 – 268.

Kessler, Ronald C. , and Jane D. McLeod. 1984. "Sex Differences in Vulnerability to Undesirable Life Events," *American Sociological Review* 49(5): 620 – 631.

Kessler, Ronald C. 1979. "Stress, Social Status, and Psychological Distress," *Journal of Health and Social Behavior* 20(3): 259 – 272.

Kim, B. S. , Atkinson, D. R. , & Yang, P. H. 1999. "The Asian Values Scale: Development, Factor Analysis, Validation, and Reliability," *Journal of Counseling Psychology* 46(3): 342.

Kline, R. B. 2005. *Principles and Practice of Structural Equation Modeling*. Guilford, New York.

Kluckhohn, C. 1951. "Values and Value Orientations in the Theory of Action: An Exploration in Definition and Classification." in *Toward a General Theory of Action*. Parson, Talcott/Shils, Edward (Hg.), pp. 388 – 433.

Kohn, Melvin L. 1989 (1977). *Class and Conformity: A Study in Values*. Chicago: University of Chicago Press.

Kohn, Melvin L. 1989. "Social Structure and Personality: A Quintessentially Sociological Approach to Social Psychology," *Social Forces* 68: 26 – 33.

Kompter, A. 1989. "Hidden Power in Marriage," *Gender and Society* 3: 187 – 216.

Kulich, S. J., & Zhang, R. 2010. "The Multiple Frames of 'Chinese' Values: From Tradition to Modernity and Beyond," in *The Oxford Handbook of Chinese Psychology*, edited by Michael Harris Bond. New York: Oxford University Press Inc, pp. 241 – 278.

Large, Michael D., and Kristen Marcussen. 2000. "Extending Identity Theory to Predict Differential Forms and Degrees of Psychological Distress," *Social Psychology Quarterly* 63 (1): 49 – 59.

Lareau, A. 2003. *Unequal Childhoods: Class, Race, and Family Life*. Berkeley, C. A. : University of California Press.

Lazarus, R. S. , & Folkman, S. 1984. *Stress, Appraisal, and Coping*. Springer Publishing Company.

Link, Bruce and Phelan, Jo. 1995. "Social Conditions as Fundamental Causes of Disease," *Journal of Health and Social Behavior* (Extra Issue): 80 – 94.

Li, Z. H., Connolly, J., Jiang, D., Pepler, D., & Craig, W. 2010. "Adolescent romantic relationships in China and Canada: A cross-national comparison," *International Journal of Behavioral Development* 34(2): 113 – 120.

Ip, Wan-Yim, Janita P. C. Chau, Anne M. Chang and May H. L. Lui. 2001. "Knowledge of and Attitudes Toward Sex among Chinese Adolescents," *Western Journal of Nursing Research* 23(2): 211 – 223.

Lennon, Mary Clare. 1994. "Women, Work, and Well-Being: The Importance of Work Conditions," *Journal of Health and Social Behavior* 35: 235 – 247.

La Greca, A. M., & Harrison, H. M. 2005. "Adolescent Peer Relations, Friendships, and Romantic Relationships: Do They Predict Social Anxiety and Depression?" *Journal of Clinical Child and Adolescent Psychology* 34(1): 49 – 61.

Lewis, H. 1971. "Culture of Poverty? What Does It Matter," in *The Culture of Poverty: A Critique*, edited by Eleanor Burke Leacock, New York: Simon and Schuster. pp. 345 – 363.

Lydon, J. 1996. "Toward a theory of commitment," in *The Psychology of Values: The Ontario Symposium*, *Volume* 8, edited by Seligman, C., Olson, J. M., & Zanna, M. P.

Psychology Press.

Matthews, B. M. 2000. "The Chinese Value Survey: an Interpretation of Value Scales and Consideration of Some Preliminary Results," *International Education Journal* 1(2): 117 – 126.

Mead, George Herbert. 1934. *Mind, Self and Society.* Chicago: University Press.

Marcussen, Kristen, Christian Ritter and Deborah J. Safron. 2004. "The Role of Identity Salience and Commitment in the Stress Process," *Sociological Perspectives* 47 (3): 289 – 312.

Marcussen, Kristen. 2006. "Identities, Self-Esteem, and Psychological Distress: An Application of Identity-Discrepancy Theory," *Sociological Perspectives* 49(1): 1 – 24.

Marks, Nadine F., and James D. Lambert. 1998. "Marital Status Continuity and Change among Young and Midlife Adults: Longitudinal Effects on Psychological Well-being," *Journal of Family Issues* 19(6): 652 – 686.

Marcussen, K., & Large, M. D. 2003. "Using Identity Discrepancy Theory to Predict Psychological Distress," in *Advances in Identity Theory and Research*, edited by Burke, P. J., Owens, T. J., Serpe, R. T., & Thoits, P. A. Boston, M. A.: Springer Us.

McLeod, J. D. 2012. "The Meanings of Stress: Expanding the Stress Process Model," *Society and Mental Health* 2: 172 – 186.

McLeod Jane D. , and Kathryn J. Lively. 2003. "Social Structure and Personality," in *Handbook of Social Psychology* edited by Delameter, John. New York: Kluwer pp. 77 – 102.

Mirowsky, John, & Catherine E. Ross. 2003. *Social Causes of Psychological Distress*. New York: Aldine de Gruyter.

Miao G. R. , Olson J. M. 2000. "What is A 'Value-Expressive' Attitude?" in *Why We Evaluate: Functions of Attitudes* edited by G. R. Miao, J. M. Olson. Mahwah, N. J. : Lawrence Erlbaum, pp. 249 – 269.

Miao G. R. , Olson J. M. , Bernard M. M. , & Luke M. A. 2003. "Ideologies, Values, Attitudes, and Behavior," in *Handbook of Social Psychology* edited by J. DeLamater. New York: Plenum, pp. 283 – 308.

Moore, R. L. 1998. "Love and limerence with Chinese Characteristics: Student Romance in the PRC," in *Romantic Love and Sexual Behavior: Perspectives from the Social Sciences* edited by Victor C. de Munck. Westport, C. T. : Praeger Publishers, pp. 251 – 283.

Moore, Susan M. and C. Leung. 2001. "Romantic Beliefs, Styles, and Relationships among Young People from Chinese, Southern European, and Anglo-Australian Backgrounds," *Asian Journal of Social Psychology* 4(1): 53 – 68.

Musil, Carol M. , Susan L. Jones and Camille D. Warner. 1998. "Structural Equation Modeling and its Relationship to Multiple

Regression and Factor Analysis," *Research in Nursing & Health* 21(3): 271 – 281.

Owens, T. J., & Serpe, R. T. 2003. "The Role of Self-esteem in Family Identity Salience and Commitment among Blacks, Latinos, and Whites," in *Advances in Identity Theory and Research* Edited by P. J. Burke, T. J. Owens, Richard T. Serpe, & Peggy, A. Thoits. Springer Us, pp. 85 – 102.

Pan, Z., Chaffee, S. H., Chu, G. C., & Ju, Y. 1994. *To See Ourselves: Comparing Traditional Chinese and American Cultural Values.* Boulder, C. O.: Westview Press.

Pearlin, Leonard I. and Joyce S. Johnson. 1977. "Marital Status, Life-Strains and Depression," *American Sociological Review* 42(5): 704 – 715.

Pearlin, Leonard I., Elizabeth G. Menaghan, Morton A. Lieberman and Joseph T. Mullan. 1981. "The Stress Process," *Journal of Health and Social Behavior* 22(4): 337 – 356.

Pearlin, Leonard I. 1999. "The Stress Process Revisited: Reflections on Concepts and Their Interrelationships." Pp. 395 – 415 in *Handbook of the Sociology of Mental Health*, edited by Aneshensel, Carol. S. and Jo C. Phelan. New York: Kluwer Academic Press.

Prince-Gibson, Eetta and Shalom H. Schwartz. 1998. "Value Priorities and Gender," *Social Psychology Quarterly* 61(1): 49 – 67.

Radloff, L. S. 1977. "The CES-D Scale A Self-Report Depression Scale for Research in the General Population," *Applied Psychological Measurement* 1(3): 385 - 401.

Riessman, C. K. 1990. "Strategic Uses of Narrative in the Presentation of Self and Illness: A Research Note," *Social Science & Medicine* 30(11): 1195 - 1200.

Rokeach, Milton. 1973. *The Nature of Human Values*. New York: Free Press.

Rokeach, Milton. 1979. *Understanding Human Values: Individual and Societal*. New York: Free Press.

Rohan, Meg J. 2000. "A Rose by any Name? the Values Construct?" *Personality and Social Psychology Review* 4(3): 255 - 277.

Rosenberg, Morris, Carmi Schooler, Carrie Schoenbach and Florence Rosenberg. 1995. "Global Self-Esteem and Specific Self-Esteem: Different Concepts, Different Outcomes," *American Sociological Review* 60(1): 141 - 156.

Rosenberg, M. 1979. *Conceiving the Self*. New York: Basic Books.

Rosenfield, Sarah, Jean, Vertefuille and Donna D. Mcalpine. 2000. "Gender Stratification and Mental Health: An Exploration of Dimensions of the Self," *Social Psychology Quarterly* 63: 208 - 223.

Rosenfield, Sarah. 1999. "Splitting the Differences: Gender, the

Self, and Mental Health," in *Handbook of the Sociology of Mental Health*, edited by Aneshensel, Carol. S. and Jo C. Phelan. New York: Kluwer Academic Press, p. 224.

Rosenfield, Sarah, Jean Vertefuille and Donna D. McAlpine. 2000. "Gender Stratification and Mental Health: An Exploration of Dimensions of the Self," *Social Psychology Quarterly* 63(3): 208 – 223.

Rosenfield, Sarah, Mary C. Lennon and Helene R. White. 2005. "The Self and Mental Health: Self-Salience and the Emergence of Internalizing and Externalizing Problems," *Journal of Health and Social Behavior* 46(4): 323 – 340.

Ross, Catherine E. and John Mirowsky. 1995. "Sex Differences in Distress: Real or Artifact?" *American Sociological Review* 60: 449 – 468.

Rubin, Zick, Charles T. Hill, Letitia A. Peplau and Christine Dunkel-Schetter. 1980. "Self-Disclosure in Dating Couples: Sex Roles and the Ethic of Openness," *Journal of Marriage and Family* 42(2): 305 – 317.

Rubin, Z. 1970. "Measurement of Romantic Love," *Journal of Personality and Social psychology* 16(2),: 265.

Schooler, Carmi. 1996. "Cultural and Social-Structural Explanations of Cross-National Psychological Differences," *Annual Review of Sociology* 22: 323 – 349.

Shulman, S., & Scharf, M. 2000. "Adolescent Romantic Behaviors and Perceptions: Age-and Gender-related Differences, and Links with Family and Peer Relationships," *Journal of Research on Adolescence* 10(1): 99 –118.

Schmitt, David P. 2003. "Are Men Universally More Dismissing than Women? Gender Differences in Romantic Attachment Across 62 Cultural Regions,"*Personal Relationships* 10(3): 307 –331.

Schwartz, S. H. 1994. "Are there Universal Aspects in the Structure and Contents of Human Values?" *Journal of Social Issues* 50(4): 19 –45.

Schwartz, S. H. , & Bilsky, W. 1987. "Toward A Universal Psychological Structure of Human Values," *Journal of Personality and Social Psychology* 53(3), 550 –562.

Schwartz, S. H. (1992). "Universals in the Content and Structure of Values: Theoretical Advances and Empirical Tests in 20 Countries," *Advances in Experimental Social Psychology* 25(1), 1 –65.

Schwartz, S. H. 1996. "Value Priorities and Behavior: Applying A Theory of Integrated Value Systems," in *The Psychology of Values: The Ontario Symposium, Volume* 8, *edited by Seligman,C. ,Dlson, J. M. , & Zanna,M. P. Psychology Press pp.* 1 –24.

Seligma, C. , and Katz, A. N. "The Dynamics of Value System," in *The Psychology of Values: The Ontario Symposium,*

Volume 8, edited by Seligman, C., Olson, J. M., & Zanna, M. P. Psychology Press.

Simon, Robin W. 2002. "Revisiting the Relationships among Gender, Marital Status, and Mental Health," *American Journal of Sociology* 107: 1065 – 1096.

Simon, Robin W. and Anne E. Barrett. 2010. "Nonmarital Romantic Relationships and Mental Health in Early Adulthood: Does the Association Differ for Women and Men?" *Journal of Health and Social Behavior* 51(2): 168 – 182.

Simon, Robin W. 1997. "The Meanings Individuals Attach to Role Identities and their Implications for Mental Health," *Journal of Health and Social Behavior* 38 (3, Health Professions: Socialization, Organization, Utilization): 256 – 274.

Simon, Robin W. and Kristen Marcussen. 1999. "Marital Transitions, Marital Beliefs, and Mental Health," *Journal of Health and Social Behavior* 40(2): 111 – 125.

Simon, Robin W. 1995. "Gender, Multiple Roles, Role Meaning, and Mental Health," *Journal of Health and Social Behavior* 36(2): 182 – 194.

Simon, Robin W. 1992. "Parental Role Strains, Salience of Parental Identity and Gender Differences in Psychological Distress," *Journal of Health and Social Behavior* 33 (1): 25 – 35.

Simon, Robin W., Donna Eder and Cathy Evans. 1992. "The

Development of Feeling Norms Underlying Romantic Love among Adolescent Females," *Social Psychology Quarterly* 55(1):29 - 46.

Small, M. L. , Harding, D. , & Lamont, M. (eds.). 2010. *Reconsidering Culture and Poverty* (Vol. 629). Sage Publications, Incorporated.

Smith, M. B. 1969. *Social Psychology and Human Values: Selected Essays.* Chicago: Aldine.

Smith, Adam. 1776. *The Wealth of Nations.* New York: Modern Library.

Stryker, Sheldon. 1980. *Symbolic Interactionism: A Social Structural Version.* Menlo Park: Benjamin Cummings.

Stryker, Sheldon, and Peter J. Burke. 2000. "The Past, Present, and Future of an Identity Theory," *Social Psychology Quarterly* 63: 284 - 297.

Sprecher, Susan. 2002. "Sexual Satisfaction in Premarital Relationships: Associations with Satisfaction, Love, Commitment, and Stability," *The Journal of Sex Research* 39(3): 190 - 196.

Sprecher, S. , Felmlee, D. , Metts, S. , Fehr, B. , & Vanni, D. 1998. " Factors Associated with Distress Following the Breakup of a Close Relationship," *Journal of Social and Personal Relationships* 15(6): 791 - 809.

Stets, Jan E. and Peter J. Burke. 2000. " Identity Theory and

Social Identity Theory,"*Social Psychology Quarterly* 63(3): 224 -237.

Stolte, John F., Gary Alan Fine, and Karen S. Cook. 2001. "Sociological Miniaturism: Seeing the Big Through the Small in Social Psychology," *Annual Review of Sociology* 27: 387 -413.

Stroebe, W., & Stroebe, M. S. 1987. *Bereavement and Health: The Psychological and Physical Consequences of Partner Loss.* New York: Cambridge University Press.

Tang, S., & Zuo, J. 2000. "Dating Attitudes and Behaviors of American and Chinese College Students,"*The Social Science Journal* 37(1): 67 -78.

Tang, Taryn N.,and Catherine S. Tang. 2001. "International Perspectives: Gender Role Internalization, Multiple Roles, and Chinese Women's Mental Health,"*Psychology of Women* 25(3): 181 -196.

Tausig, Mark. 1999. "Work and Mental Health," in *Handbook of the Sociology of Mental Health*, edited by Aneshensel, Carol. S. and Jo C. Phelan. New York: Kluwer Academic Press pp. 255 -274.

Thoits, P. A. 1995. "Stress, coping, and social support: Where are we? What next?" *Journal of Health and Social Behavior* (Extra Issue): 53 -79.

Thoits, P. A. 1991. "On Merging Identity Theory and Stress Research,"*Social Psychology Quarterly* 54(2): 101 -112.

Thoits, P. 1999. "Self, Identity, Stress, and Mental Health," in *Handbook of the Sociology of Mental Health*, edited by Aneshensel, Carol. S. and Jo C. Phelan. New York: Kluwer Academic Press, pp. 369 – 394.

Thoits, P. A. 2006. "Personal Agency in the Stress Process," *Journal of Health and Social Behavior* 47(4): 309 – 323.

Thoits, P. A. 2003. "Personal Agency in the Accumulation of Multiple Role-identities," in *Advances in Identity Theory and Research* Edited by edited by P. J. Burke, T. J. Owens, Richard T. Serpe, & Peggy, A. Thoits. Springer Us, pp. 179 – 194.

Thoits, P. A. 1992. "Identity Structures and Psychological Well-being: Gender and Marital Status Comparisons," *Social Psychology Quarterly* 55(3): 236 – 256.

Thoits, P. A. 2013. "Self, Identity, Stress, and Mental Health," in *Handbook of the Sociology of Mental Health* edited by C. S. Aneshensel, Jo C. Phelan & Alex Bierman. Springer Netherlands, pp. 357 – 377.

Thorne, B. 1993. *Gender play: Girls and Boys in School.* Rutgers University Press.

Turner, Ralph H. 1978. "The Role and the Person," *American Journal of Sociology* 84(1): 1 – 23.

Turrisi, R., & Jaccard, J. 2003. *Interaction Effects in Multiple Regression*(Vol. 72). Sage Publications, Incorporated.

Umberson, D. 1992. "Gender, Marital Status and the Social Control of Health Behavior," *Social Science & Medicine* 34(8): 907-917.

Umberson, Debra, Meichu D. Chen, James S. House, Kristine Hopkins and Ellen Slaten. 1996. "The Effect of Social Relationships on Psychological Well-being: Are Men and Women really so Different?" *American Sociological Review* 61(5): 837-857.

Umberson, Debra and Toni Torling. 1997. "The Symbolic Meaning of Relationships: Implications for Psychological Distress Following Relationship Loss," *Journal of Social and Personal Relationships* 14(6): 723-744.

Verplanken, B., & Holland, R. W. 2002. "Motivated Decision Making: Effects of Activation and Self-Centrality of Values on Choices and Behavior," *Journal of Personality and Social Psychology* 82(3): 434-447.

West, Candace and Zimmerman, Don H. 1987. "Doing Gender," *Gender and Society* 1: 125-151.

William R. M. Jr. 1979. "Changes and Stability in Values and Value Systems: A Sociological Perspective," in *Understanding Human Values: Individual and Societal*, edited by Rokeach, Milton. New York: Free Press.

Wheaton, Blair. 2001. "The Role of Sociology in the Study of Mental Health and the Role of Mental Health in the Study of Sociology," *Journal of Health and Social Behavior* 42: 221-234.

White, H. R. , & Labouvie, E. W. 1989. "Towards the Assessment of Adolescent Problem Drinking," *Journal of Studies on Alcohol and Drugs* 50(1): 30.

Williams, Kristi and Debra Umberson. 2004. " Marital Status, Marital Transitions, and Health: A Gendered Life Course Perspective. "*Journal of Health and Social Behavior* 45(1): 81 – 98.

Xiao, Z. , Mehrotra, P. , & Zimmerman, R. 2011. "Sexual Revolution in China: Implications for Chinese Women and Society,"*AIDS Care* 23(sup1): 105 – 112.

Zhang, L. , Gao, X. , Dong, Z. , Tan, Y. , & Wu, Z. 2002. "Premarital Sexual Activities Among Students in A University in Beijing, China," *Sexually Transmitted Diseases* 29 (4): 212 – 215.

Zhou, Xiao. 1989. "Virginity and Premarital Sex in Contemporary China. "*Feminist Studies* 15 (2, The Problematics of Heterosexuality): 279 – 288.

附 录

附录 A 结构方程模型中的协方差矩阵

以下是用于中国和美国的交互效应模型分析的数据协方差矩阵以及用于中美样本主效应模型分析的数据协方差矩阵。

交互效应模型的协方差矩阵（中国，$N = 358$）

	SEX V3	RACE V4	GPALEVEL V5	FATHERED V6	SEXWITHE V7
SEX V3	.213				
RACE V4	−.017	.118			
GPALEVEL V5	.036	.008	.612		
FATHERED V6	.031	−.040	.101	.799	
SEXWITHE V7	−.016	.002	−.005	.015	.120
NUMBEROF V8	−.017	0	−.084	.101	.123
ESTEEMCO V9	−.017	.002	.047	.049	.007

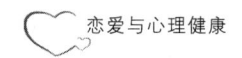

EFFICACY V10	-.020	.011	.034	.050	-.001
DEPRESSI V11	.013	-.011	-.031	-.060	.015
ALCOHOLI V12	-.022	-.015	-.041	-.032	.015
HOSTILIT V13	-.018	-.041	-.089	-.078	.035
BREAKUPI V14	.008	-.006	-.021	.044	-.007
CENTERVA V15	-.050	.011	.009	-.002	-.079
CENTERIN V16	-.024	-.002	-.014	.013	-.027

	NUMBEROF V8	ESTEEMCO V9	EFFICACY V10	DEPRESSI V11	ALCOHOLI V12
NUMBEROF V8	1.370				
ESTEEMCO V9	.070	.195			
EFFICACY V10	.024	.099	.152		
DEPRESSI V11	-.019	-.081	-.075	.126	
ALCOHOLI V12	-.012	-.016	-.030	.024	.096
HOSTILIT V13	.053	-.078	-.075	.107	.073
BREAKUPI V14	-.151	-.020	-.013	.026	.017
CENTERVA V15	-.217	-.045	-.009	.023	-.015
CENTERIN V16	-.054	-.011	-.008	.023	-.011

	HOSTILIT V13	BREAKUPI V14	CENTERVA V15	CENTERIN V16
HOSTILIT V13	.405			
BREAKUPI V14	.016	.245		
CENTERVA V15	-.006	.033	.667	
CENTERIN V16	.000	.022	.220	.219

交互效应模型的协方差矩阵(美国, $N=355$)

	SEX V3	RACE V4	GPALEVEL V5	SEXWITHE V7	NUMBEROF V8
SEX V3	.195				
RACE V4	-.001	.145			
GPALEVEL V5	.060	.078	.526		
SEXWITHE V7	-.003	-.007	-.065	.232	
NUMBEROF V8	-.004	.008	-.064	.081	2.368
ESTEEMCO V9	-.002	-.013	.027	-.009	.033
EFFICACY V10	-.009	-.007	.015	.015	.053
DEPRESSI V11	.018	-.014	-.034	.021	-.086
ALCOHOLI V12	-.026	-.004	-.077	.036	.012
HOSTILIT V13	-.005	-.055	-.056	.022	-.075
BREAKUPI V14	-.020	-.012	-.010	.008	-.171
CENTERVA V15	-.003	-.023	-.003	-.172	-.193
CENTERIN V16	.003	-.018	.009	-.073	-.154

	ESTEEMCO V9	EFFICACY V10	DEPRESSI V11	ALCOHOLI V12	HOSTILIT V13
ESTEEMCO V9	.385				
EFFICACY V10	.222	.328			
DEPRESSI V11	-.157	-.175	.267		
ALCOHOLI V12	-.034	-.036	.054	.237	
HOSTILIT V13	-.089	-.122	.185	.072	.412
BREAKUPI V14	-.036	-.035	.047	.017	.030

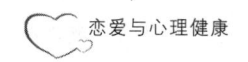

	CENTERVA V15	.025	−.026	−.013	−.045	.013
	CENTERIN V16	.024	−.007	.001	−.035	.014

	BREAKUP V14	CENTERV V15	CENTERIN V16
BREAKUPI V14	.246		
CENTERVA V15	−.011	.838	
CENTERIN V16	−.009	.369	.369

主效应模型的协方差矩阵(中国,$N=360$)

	AGE V2	SEX V3	RACE V4	GPALEVEL V5	FATHERED V6
AGE V2	1.508				
SEX V3	−.128	.214			
RACE V4	.052	−.017	.118		
GPALEVEL V5	.056	.035	.009	.617	
FATHERED V6	−.163	.029	−.038	.115	.818
SEXWITHE V7	.028	−.016	.002	−.006	.013
NUMBEROF V8	.186	−.019	.000	−.081	.104
VALUECOM V9	.128	−.054	.011	.006	−.006
ESTEEMCO V10	.001	−.018	.002	.043	.043
EFFICACY V11	.026	−.019	.011	.033	.049
DEPRESSI V12	−.010	.012	−.011	−.029	−.056
ALCOHOLI V13	−.039	−.024	−.014	−.031	−.016
HOSTILIT V14	−.004	−.019	−.040	−.082	−.068
BREAKUPI V15	−.145	.009	−.006	−.024	.039

	SEXWITHE V7	NUMBEROF V8	VALUECOM V9	ESTEEMCO V10	EFFICACY V11
SEXWITHE V7	.120				
NUMBEROF V8	.122	1.365			
VALUECOM V9	-.078	-.212	.680		
ESTEEMCO V10	.007	.070	-.040	.197	
EFFICACY V11	-.001	.023	-.010	.098	.151
DEPRESSI V12	.014	-.017	.025	-.081	-.075
ALCOHOLI V13	.014	-.008	-.016	-.019	-.030
HOSTILIT V14	.034	.055	-.006	-.080	-.075
BREAKUPI V15	-.006	-.151	.034	-.018	-.013

	DEPRESSI V12	ALCOHOLI V13	HOSTILIT V14	BREAKUPI V15
DEPRESSI V12	.127			
ALCOHOLI V13	.027	.106		
HOSTILIT V14	.109	.080	.407	
BREAKUPI V15	.025	.014	.014	.245

主效应模型的协方差矩阵(美国, $N=358$)

	SEX V3	RACE V4	GPALEVEL V5	SEXWITHE V7	NUMBEROF V8
SEX V3	.197				
RACE V4	.000	.147			

GPALEVEL V5	.062	.080	.530		
SEXWITHE V7	-.004	-.009	-.067	.231	
NUMBEROF V8	-.013	-.001	-.109	.093	2.601
VALUECOM V9	-.002	-.024	-.007	-.169	-.168
ESTEEMCO V10	.000	-.010	.026	-.009	.042
EFFICACY V11	-.009	-.006	.013	.015	.063
DEPRESSI V12	.017	-.019	-.039	.023	-.062
ALCOHOLI V13	-.032	-.010	-.078	.039	.009
HOSTILIT V14	-.004	-.063	-.064	.025	-.035
BREAKUPI V15	-.022	-.014	-.014	.010	-.150

	VALUECOM V9	ESTEEMCO V10	EFFICACY V11	DEPRESSI V12	ALCOHOLI V13
VALUECOM V9	.834				
ESTEEMCO V10	.027	.386			
EFFICACY V11	-.024	.222	.327		
DEPRESSI V12	-.011	-.159	-.175	.272	
ALCOHOLI V13	-.047	-.044	-.039	.061	.259
HOSTILIT V14	.018	-.092	-.123	.196	.076
BREAKUPI V15	-.009	-.037	-.035	.051	.021

	HOSTILIT V14	BREAKUPI V15
HOSTILIT V14	.434	
BREAKUPI V15	.035	.247

附录 B　调查问卷

恋爱、传统价值观与心理健康调查

（保密！请不要将你的姓名或其他任何与个人身份相关的信息写在问卷上！）

第一部分
请回答下列基本信息问题，将你的答案勾画标注出来

1. 你曾经谈过恋爱吗？（恋爱关系在这里指的是在你生命中的某一段时间，你与另一个与你在情感上和身体上有深入关联的人在一起）

    0. 从来没有——终止填写问卷（请不要勾注你的答案，保持问卷空白）

    1. 是的，谈过——请继续填写

2. 你当前的恋爱关系状态是：

    （1）目前单身，上次恋爱已经分手了

    （2）目前正在谈恋爱，上次恋爱已经分手了

    （3）目前正在谈恋爱，是第一次谈恋爱（请跳过第三题）

3. 你最近一次恋爱分手发生在<u>大概</u>多久以前？_____

    （请以月份数估计，例如 6 个月，填到横线上）

4. 你的年龄是_____

5. 你的性别：

    1. 女性　　0. 男性

6. 你的种族：

    0. 汉族　　1. 少数民族_____（请注明具体民族）

7. 你的年级：

    （1）大一　（2）大二　（3）大三　（4）大四

8. 你的专业：_____

9. 你当前的平均成绩如何？

    （1）不及格 - E　　（2）及格 - D　　（3）一般 - C

    （4）中等 - B　　　（5）优秀 - A

10. 你来自城市还是农村？　　0. 城市　　1. 农村

11. 请使用下列受教育程度的类别描述你父母的受教育水平并将对应数字填写在横线上：

    （1）高中以下；（2）高中（或专科）毕业；（3）大专毕业；（4）本科毕业；（5）本科以上

你父亲的受教育水平是_____
你母亲的受教育水平是_____

12. 你父亲的职业是_____

13. 你母亲的职业是_____

第二部分

（注意：如果你当前正在谈恋爱，那么请针对你当前的恋爱对象来回答下面的两个单元的问题；如果你当前单身，那么请针对你最近分手的那个恋爱对象来回答这两个单元的问题）

单元一：请用列出的 1~5 的类别之一来对下面的陈述做出回答

（非常不同意 =1；不同意 =2；中立 =3；同意 =4；非常同意 =5）。

1. 你感到和你的恋爱对象十分亲近？_____

2. 你的恋爱对象总是花时间来和你谈论你遇到的问题？_____

3. 当你和你的恋爱对象在一起的时候，你感到完全的放松和做自己？_____

4. 不管发生什么事，你知道你的对象将会一直和你在一起支持你？_____

5. 你知道你的对象对你有信心？_____

6. 你的对象经常让你知道你是一个有价值的人？_____

单元二：请用括号内的 1~3 的类别之一来回答下列陈述符合你自身情况的程度，将对应数字填上

（不对 =1；某种程度上是的 =2；非常正确 =3）

1. 你和你的恋爱对象有很多的冲突和矛盾_____

2. 你的恋爱对象并不理解你_____

3. 你的恋爱对象对你期望过高_____

4. 你的恋爱对象没有对你表达充分的爱．_____

5. 你的恋爱对象对你们的关系不够投入_____

第三部分

请用如下 1~6 个类别之一来描述下表中 13 个陈述符合你自

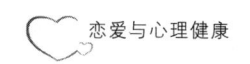

身情况的程度

1. 强烈不赞同；2. 比较不赞同；3. 有点不赞同；4. 有点赞同；5. 比较赞同；6. 强烈赞同

---

1. 频繁更换恋爱对象对我个人来说是没问题的。_____
2. 我觉得有太多不同的恋爱经历不是太好。_____
3. 我希望我的恋爱对象在跟我之前有较少或者没有恋爱经历。_____
4. 跟我第一次发生性关系的那个人结婚对我来说非常重要。_____
5. 如果我与我的恋爱对象同居了，那么跟他/她结婚对我来说非常重要。_____
6. 保持我自己婚前的贞洁（处女或者处男之身）对我来说非常重要。_____
7. 我的恋爱对象是处女/处男对我来说非常重要。_____
8. 我的恋爱对象在我之前是否有过同居经历对我来说很重要。_____
9. 我认为女朋友通常应该听从男朋友的意见。_____
10. 我认为女朋友应该总是对男友温柔体贴。_____
11. 总体来说，我是一个传统的人。_____
12. 作为一个传统的男人/女人是我的自我概念中的重要部分。_____（注：自我概念指一个人对自己的认知，诸如对于"我是谁"的问题的回答，就表达了一个人的自我概念）

13. 爱对于我来说是恋爱关系中最重要的因素。_____

请对下面这个问题勾出最反映你个人意见的选项。

恋爱关系和学业成绩，哪一个对于你的自我更重要？也就是哪一个对于你如何看待自己更重要？

（1）恋爱关系更重要； （2）学业成绩更重要；
（3）一样重要； （4）我不确定

请回答下表中的 3 个问题，将五个选项中最符合你情况的一个填到横线上

1 = 非常重要； 2 = 重要； 3 = 不确定；
4 = 不重要； 5 = 非常不重要

| 恋爱关系对于你来说有多重要？_____ |
| 你的家人知道你的恋爱关系对你来说有多重要？_____ |
| 你的朋友知道你的恋爱关系对你来说有多重要？_____ |

对下面这七个问题，除非在问题后面有具体回答指南，否则请勾出最反映你个人意见的那一个回答（注：同样地，如果你当前正在谈恋爱，那么请针对你当前的恋爱对象来回答下面的问题；如果你当前是单身，那么请针对你最近分手的那个恋爱对象来回答这些问题）

1. 你与你的对象（男朋友或者女朋友）一起活动（例如吃

饭、聊天、电话、看电影等）的频率如何？

(1) 从不在一起活动；(2) 很少；(3) 一个月一次；

(4) 不到一周一次；(5) 一周一次；(6) 一周几次；

(7) 每天

2. 通常在一周内，你<u>大约花多少小时</u>与你的对象一起活动，包括一起吃饭、聊天（包括网上）、讲电话、看电影等？

_____

3. 在除去你生活必需的花费以外（如吃穿住行和其他生活必需费用），剩余的钱里面，你会花多少钱来用于恋爱交往？例如看电影、买礼物等。

(1) 几乎不花费；　　　　(2) 少于一半；

(3) 大约一半；　　　　　(4) 多于一半；

(5) 几乎全部余钱

4. 如果你不能和你的恋爱对象联系，你会有多想他/她？

(1) 完全不想；　　　　　(2) 有点想；

(3) 比较想；　　　　　　(4) 非常想

5. 你的恋爱对象和你在感情上有多亲近？

(1) 完全不亲近；　　　　(2) 不是非常亲近；

(3) 比较亲近；　　　　　(4) 非常亲近

6. 你的恋爱对象对你来说有多重要？

(1) 完全不重要；　　　　(2) 比较重要；

(3) 重要；　　　　　　　(4) 非常重要

7. 在和我的恋爱对象一起做事情以后，我经常感到不高兴。

(1) 完全同意；　　　　　(2) 同意；

（3）不同意； （4）完全不同意

对下面这三个问题，请在下列四个选项中选出最符合你意见的选项，填写在问题后的横线上。

（注：同样地，如果你当前正在谈恋爱，那么请针对你当前的恋爱对象来回答下面的问题；如果你当前是单身，那么请针对你最近分手的那个恋爱对象来回答这些问题）

可选项：（1）几乎是绝对不会； （2）可能不会；
　　　　（3）可能会； （4）几乎是一定会

1. 想象第一次跟一个你的同班同学见面。你有多确定你会跟这个人谈到关于你的恋爱对象的事情？_____

2. 想象第一次见一个异性朋友，你有多确定你会跟这个人谈到关于你的恋爱对象的事情_____

3. 想象第一次见你恋爱对象的一个朋友，你有多确定你会跟这个人谈到关于你的恋爱对象的事情_____

第四部分

请用下列选项之一回答如下的问题，并将你的选项圈起来。

强烈同意＝1；同意＝2；不同意＝3；强烈不同意＝4

1. 我认为自己是个有价值的人，至少与别人不相上下。

　　　　　　　　　　　　　　　　　　1　2　3　4

2. 我觉得我有许多优点。　　　　　　　1　2　3　4

3. 我对自己持有一种肯定的态度。　　　1　2　3　4

4. 整体而言，我对自己是满意的。　　　1　2　3　4

5. 我觉得我没有太多值得骄傲的地方。　　　1　2　3　4

6. 我要是能更看得起自己就好了。　　　　　1　2　3　4

7. 有时候我觉得自己一无是处。　　　　　　1　2　3　4

请用下列选项之一回答如下的问题，并将你的选项圈起来。

强烈同意=1；同意=2；不同意=3；强烈不同意=4

1. 我觉得发生在我身上的事大多是由别人主宰的。

　　　　　　　　　　　　　　　　　　　　1　2　3　4

2. 我有时候觉得很无助。　　　　　　　　　1　2　3　4

3. 对于遇到的一些难题我一点解决的办法都没有。

　　　　　　　　　　　　　　　　　　　　1　2　3　4

4. 有时候我觉得我根本没法达成我想要的目标。

　　　　　　　　　　　　　　　　　　　　1　2　3　4

5. 我对于发生在我身上的事情几乎不能控制。　1　2　3　4

6. 我常常觉得无法处理好生活中的问题。　　1　2　3　4

7. 我几乎没法做什么来改变我生命中那些重要的事。

　　　　　　　　　　　　　　　　　　　　1　2　3　4

以下的句子描述生活感觉或行为表现，请依过去一个月的情形，选择最能描述你产生这些经历或者感觉的频率，将对应的数字圈起来

从来没有过=1；偶尔=2；经常=3；大多数时候=4

1. 我为那些平常不会烦扰到我的事情烦心。　1　2　3　4

2. 我胃口不好，不想吃东西。　　　　　　　1　2　3　4

3. 我感到始终无法抛开烦恼和忧愁。	1	2	3	4
4. 我觉得我和别人一样好。	1	2	3	4
5. 我做事时无法集中精神。	1	2	3	4
6. 我觉得闷闷不乐，有抑郁的感觉。	1	2	3	4
7. 我做任何事情都觉得费力。	1	2	3	4
8. 我对未来充满希望。	1	2	3	4
9. 我觉得我的人生就是一个失败。	1	2	3	4
10. 我觉得恐惧。	1	2	3	4
11. 我睡得不安宁。	1	2	3	4
12. 我是快乐的。	1	2	3	4
13. 我比平日不爱讲话。	1	2	3	4
14. 我觉得孤独寂寞。	1	2	3	4
15. 人们是不友善的。	1	2	3	4
16. 我享受了生活的乐趣。	1	2	3	4
17. 我曾经痛哭。	1	2	3	4
18. 我觉得悲伤。	1	2	3	4
19. 我觉得别人不喜欢我。	1	2	3	4
20. 我缺乏干劲。	1	2	3	4

当人正在喝酒或者因为喝酒，一些事情由此发生在他们身上。以下列出了其中一些可能因为喝酒发生的事情。请圈出在过去的一年里，这些事情发生在你身上的频率。

在过去一年，因为你当时正喝酒或者因为喝酒这件事而引起，这些事情在你身上发生了多少次？

从没发生过 = 0；1～3 次 = 1；3～5 次 = 2；6～10 = 3 次；10 次以上 = 4

1. 不能做作业或者不能复习考试。

                                                         0 1 2 3 4

2. 跟别人打架（如跟朋友、亲戚或者陌生人）。

                                                         0 1 2 3 4

3. 错过了其他事情，因为花太多钱在买酒上。

                                                         0 1 2 3 4

4. 喝多了或者喝醉了跑去工作或者上学。 0 1 2 3 4

5. 让别人尴尬或者难堪。   0 1 2 3 4

6. 忽略了自己的责任。   0 1 2 3 4

7. 亲属避开你。   0 1 2 3 4

8. 感到你需要比过去更多的酒精才能达到同样的效果。

                                                         0 1 2 3 4

9. 你试过控制你的饮酒量。   0 1 2 3 4

（例如试图只在一天特定时刻或者在某些特定场合喝酒，也就是试图改变你饮酒的习惯模式）

10. 有过戒隐的反应。   0 1 2 3 4

（例如当停止或者减量喝酒时有病了的感觉）

11. 注意到自己性格上的变化。   0 1 2 3 4

12. 觉得自己在饮酒上有问题。   0 1 2 3 4

13. 错过了一整天或者一天中一部分的工作或学习时间。

                                                       0 1 2 3 4

14. 想戒酒但是欲罢不能。   0 1 2 3 4

15. 突然发现你自己在一个你不记得你来过的地方。

                                                   0 1 2 3 4

16. 突然晕倒。   0 1 2 3 4

17. 跟一个朋友打架、争论，或者不高兴。 0 1 2 3 4

18. 跟一个家庭成员打架、争论，或者不高兴。

                                                   0 1 2 3 4

19. 当你跟自己保证不喝酒了却还是不能停止喝酒。

                                               0 1 2 3 4

20. 觉得你自己要疯了。   0 1 2 3 4

21. 一度感到很难受。   0 1 2 3 4

22. 觉得自己身体上或心理上依赖酒。 0 1 2 3 4

23. 被一个朋友，邻居或亲戚劝说戒酒或者少喝点。

                                               0 1 2 3 4

以下六个陈述列出了有些人可能会有的问题或者抱怨，请仔细阅读每一条，然后根据这些问题在过去一个月里（包括今天）烦扰你的程度，在四个选项中选择一个最符合你情况的填入括号

从来没有过＝0；很轻＝1；中等＝2；偏重＝3；严重＝4

1. 容易烦恼和激动。   [   ]
2. 自己不能控制地大发脾气。   [   ]
3. 有想打人或伤害他人的冲动。   [   ]
4. 有想摔坏或破坏东西的冲动。   [   ]

5. 经常与人争论。 [   ]

6. 大叫或者摔东西。 [   ]

第五部分

◇ 如果你目前单身,上次恋爱已经分手→请回答1~6题;

◇ 如果你目前正处在第二次或者更多次恋爱中→请回答这部分所有问题;

◇ 如果你当前正处于第一次恋爱中→请仅回答6~8题

请选出唯一符合你情况的答案,在每个问题后勾出来。

1. 你和你上一次分手的恋爱对象发生过性关系吗?

        1. 有过; 0. 没有

2. 你和你上一次分手的恋爱对象同居过吗?

        1. 有过; 0. 没有

3. 你一共谈过多少次恋爱?

  1; 2; 3; 更多次(_____)请填写到括号内

4. 想到你的上一次恋爱,以下哪一个选项最好地表达了你对那段关系的感受:

 (1) 我已经完全放下了。

 (2) 我基本上放下了,但有时候还是想但愿我们还没有分手。

 (3) 我经常回想起这段关系,我还是没能完全放下。

 (4) 我对分手还是很伤心,很希望能重新开始。

5. 你的上一次恋爱是怎么分手的?

 (1) 我主动和他/她分手的。

(2) 他/她主动和我分手的。

(3) 没有谁甩了谁,我们达成一致和平分手的。

6. 下面这个表中的问题关于你对你的恋爱对象的态度和感觉,如果你现在正在谈恋爱,请针对你现在的恋爱对象来回答;如果你现在单身,请针对你对你上一次分手的恋爱对象当时的态度和感觉来回答。

选择最符合你的感受的数字填到问题后的横线上(从1~9,越靠近9越接近完全符合):

不是真的　　　　　　　　　　　　完全如此
1　2　3　4　5　6　7　8　9

如果我的对象感到难受,我的第一职责就是让他/她开心起来。_____

我觉得几乎任何事情我都可以相信我的对象。_____

我发现我很容易忽视我对象的错误。_____

我会为我的对象做任何事情。_____

我对我的对象的占有欲很强。_____

如果我永远不能和我对象在一起,我会感到非常痛苦。_____

如果我感到孤独,我的第一想法就是找我对象。_____

我最关心的事情之一就是我对象的幸福。_____

我会原谅我对象几乎任何事情。_____

我觉得我要对我对象的幸福负责。_____

> 当我和我对象在一起时,我花很多时间只是盯着他/她看。_____
>
> 被我对象信任依赖时,我很享受这种感觉。_____
>
> 如果没有我的对象,我很难一个人过下去。_____

7. 你和你现在的恋爱对象发生过性关系吗?

         1. 有过; 0. 没有

8. 你和你现在的恋爱对象同居过吗? 1. 有过; 0. 没有

第六部分

这里我们简单地描述了一些人。请仔细阅读每个描述,然后想想每个人有多像你或多不像你。将最符合你意见的一个选项填到每个描述后面的括号里(注意:如果你是女性,则阅读"她";如果是男性,则阅读"他")

非常像我;像我;有些像我;稍微有点像我;不像我;完全不像我
 1   2   3   4   5   6

1. 他/她认为在一生中做很多不同的事情很重要。他/她总是寻找新事物来尝试。[ ]

2. 他/她喜欢冒险。他/她总是主动寻求冒险经历。[ ]

3. 他/她喜欢惊喜。拥有一个令人兴奋的生活对他/她来说很重要。[ ]

4. 他/她寻求每个玩的机会。做一些能带来快乐的事情对他/她来说很重要。[ ]

5. 享受生活乐趣对他/她很重要。他/她喜欢"宠溺"自己。[ ]

6. 他/她真的很想享受生活。过得开心对他/她很重要。[   ]

7. 他/她认为人们应该按照被告知的来做事情。他/她认为人们应该总是遵从规则,即使没有别人在场的情况下。[   ]

8. 总是表现得体对他/她很重要。他/她想避免做出任何会招人非议的事情。[   ]

9. 遵从、听话对他/她很重要。他/她相信他/她应该总是对父母和长辈显示尊敬。[   ]

10. 传统对他/她很重要。他/她试图遵从家族或者宗教流传下来的习俗。[   ]

11. 表现谦逊、中庸对他/她很重要。他/她试图不要张扬,引起别人注意。[   ]

问卷结束!
此研究的完成完全仰赖你的参与和支持!
十分感谢!!!

后　记

　　此书是我的博士论文的翻译和修改稿。2008年夏天，我来到美国肯特州立大学社会学系开始博士阶段的学习，这个学校的社会学系在美国排名不算好，但是以社会心理学和心理健康社会学方向见长，我感觉这是我比较喜欢的方向，恰好有全额奖学金，我就去了。实际上，在开始攻读博士学位之前，我并没有想好未来的研究方向，甚至没有考虑过学术研究的事儿，确切地说，我还没想过将来要干什么。糊里糊涂地修课一年半，转眼就到了博士生资格考试的时间。我这才去阅读社会心理学和心理健康社会学两份长长名单中的论文和图书，好家伙，真够长的！此时才突然感觉到了压力。没办法，一篇一篇论文打印出来，一本一本书找出来，开始一点点读，一点点做笔记。我记得论文堆到我的书桌上，堆了两个一米多高的"小山"。就这样，读了快一年，做了几本厚厚的笔记，竟然读完了，随后参加资格考试也顺利通过了。此时，导师说我对这两个方向的研究算是入门了，可以开始写毕业论文了。说实

后 记

话,到那时候我都还没想过未来要干啥,所以到底要写什么主题呢,也是一头雾水,更没有考虑过,写的东西是否能在将来找工作时用得着,是否契合学术界的热点。于是,我做了一个非常任性的决定,就写因我在读书期间的一段经历而产生的疑惑。这就要说到在去美国读书前,我谈了自己人生中第一段恋爱,我们并没有因为我的离开而分手,但是这段关系面临太多挑战,第一个学期后,我们还是分手了。我当时感觉非常难过,可能已经接近抑郁的边缘了吧。但是同时,我目睹了我的室友在经历分手后"轻松"的状态,她抱着我哭了一下,过两天就没事了。于是,在思考博士论文选题时,这种在生活中观察到的曾经给予我巨大震撼的个体差异就成了我的研究主题。通过反复思考,我认为个体价值观上的保守主义倾向是解释这种经历产生的情绪差异的一个重要因素。于是,我开始试图用社会心理学和心理健康社会学的理论和定量研究的方法去检验这个假设,因此,便有了这篇博士毕业论文。转眼七年过去,现在看来,这篇论文在定量研究方法上还十分稚嫩,虽然我当时已经尽力去做到规范和严谨,但在定量方法的应用上还是缺乏处理经验。有的时候所做的决定未免生硬,但是,在前后将近两年的时间里,我认真地完成了这份博士学习期间最后的作业。在我提交的博士论文致谢里,我提到,那个当时分手的男朋友,后来还是成了我的丈夫,他支持我完成了学业,我回到了他身边。刚才,我还在和他讨论我们的儿子上小学的事情。所以,对于我所研究的这个现象，定量研究所能捕捉到的部分十分有限，也许是现象的某一个环节和某一个维度，例如，仅仅是分手后短期的情绪反应差异，更无法预测事件的最终结果。我的导师曾经告诉我，任何一个社会心理现象的复杂性都远远超越了一个定量研究能驾驭的范畴。

2020 年 7 月 30 日于家中

图书在版编目(CIP)数据

恋爱与心理健康：基于不同文化的考察／梁樱著.--北京：社会科学文献出版社，2020.9
ISBN 978-7-5201-7307-0

Ⅰ.①恋… Ⅱ.①梁… Ⅲ.①恋爱-心理健康 Ⅳ.①C913.1

中国版本图书馆 CIP 数据核字（2020）第 176028 号

恋爱与心理健康
——基于不同文化的考察

著　　者／梁　樱

出 版 人／谢寿光
责任编辑／胡庆英

出　　版／社会科学文献出版社·群学出版分社（010）59366453
　　　　　地址：北京市北三环中路甲 29 号院华龙大厦　邮编：100029
　　　　　网址：www.ssap.com.cn
发　　行／市场营销中心（010）59367081　59367083
印　　装／三河市龙林印务有限公司

规　　格／开　本：787mm×1092mm　1/16
　　　　　印　张：12.75　字　数：126 千字
版　　次／2020 年 9 月第 1 版　2020 年 9 月第 1 次印刷
书　　号／ISBN 978-7-5201-7307-0
定　　价／89.00 元

本书如有印装质量问题，请与读者服务中心（010-59367028）联系

▲ 版权所有 翻印必究